日本語	アイヌ語		
	北海道西部 (ほっかいどうせいぶ)	北海道東部 (ほっかいどうとうぶ)	
ギョウジャニンニク	プクサ	プクサ	キト
オオウバユリ	トゥレプ	トゥレプ	キウ
フキノトウ	マカヨ	マカヨ/マカオ	パハカイ
ナイフ	マキリ/エピッケ	マキリ/エピラ	マキリ/エピリケヘ
食事	イペ	イペ	イペ
具入りの汁物(しるもの)	ルル/オハウ	オハウ/オワウ/ルル	オハウ
和え物(あえもの)	ラタシケプ	ラタシケプ	チカリペ
脂(あぶら)	スム	スム	ケー
塩	シッポ	シッポ	シシポ
ヒグマ	キムンカムイ	キムンカムイ	イソ
シカ	ユク	ユク	ユフ
ウサギ	イセポ	イソポ	オスケヘ
エゾリス	トゥスニンケ	ニウエオ	ロホセ
シマフクロウ	コタンコロカムイ	コタンコロカムイ	カムイチカハ
酒器(しゅき)	トゥキ	トゥキ	トゥーキ
奉酒箸(ほうしゅばし)	イクパスイ/イクニッ	イクパスイ	イクニシ
かんむり	サパンペ/イナウル	パウンペ/イナウル	イナウル/キキ
おどり	ホリピ/ ホリッパ/リムセ	リムセ/ウポポ	イコアシ/ヘチリ/ リムセ
歌	シノッチャ/ウポポ/ヘチリ	シノッチヤ/ウポポ	シノホサ/ユーカラ/ヘチリ
物語	オルシペ	オルシペ	トゥイタハ（昔話）
〜のたましい	ラマチ	ラマチ	ラマトゥ

JN199523

アイヌ

もっと知りたい！
くらしや歴史

{ 監修 }

北原モコットゥナシ
蓑島栄紀

岩崎書店

もくじ

この本に登場する言葉について

アイヌ語の表記 アイヌ語はカタカナかローマ字で表しますが、本書では、カタカナで表記しています。また、アイヌ語には日本語にない音があります。この音をカタカナで書くときは、小文字で表します。例えば、「アミㇷ゚」の「ㇷ゚」の部分がそれにあたります。

アイヌ語の方言 アイヌ語には、大きく分けて北海道、北千島、樺太の3つの方言があります。本書のp4〜61では、おもに北海道東部のアイヌ語で表記をしています。その他の地域の方言については、表紙の裏にある「アイヌ語いちらん」を見てください。

アイヌの歴史 タネパクノ〔現代まで〕

※この本には、QRコードをスマートフォンやタブレットで読み取ることで、音声を聞くことができるページがあります。

この本を読むみなさんへ

　こんな想像をしてみてください。あなたのクラスでは、勉強や運動をがんばったときにもらえるごほうびシールがあります。シールは3種類あり、がんばった子は好きなシールを選べます。あなたはその中のひとつがとても好きで、シールをもらうのを楽しみにしています。ところが、そのシールだけいつも無いのです。そのシールを選ぶ子はあまり多くないので、先生が買い忘れてしまうのでした。先生は「そのうち買うからがまんしてね」と言いました。でもいつもいそがしくて忘れてしまうのです。

　それから、こんな話はどうでしょう。クラスの女子と男子で、人数が多い方がクラスのルールを決めることになったら。髪形も、言葉づかいも、教室におく本も、ズボンをはくかスカートをはくかも、人数が多い方に合わせなくてはいけなくなったら。先生が少数派の子たちが困っていることに気づかないとしたら。先生にお願いしたら、少ない方がルールを決めることにしてもらえるかもしれません。そうしたら解決？　でも、反対の立場になった子が今度はがまんをすることになります。それに多数派と少数派のどちらにも、本当は、ほかの子とは意見がちがう子がいるかも知れません。

　これは想像の話なので、現実にはこんな困ったことにはなりませんね。たとえ使う子が少なくとも、先生はシールを買い忘れませんし、髪型も服装も、言葉使いも、自分に合ったものを選べます。クラスのみんなが同じである必要はないのですから。

　「このシールが好き」、「わたしは女／男」と思うことで、その人の「立場」が決まっていきます。みなさんのなかにも色々な立場があります。ちがう文化・ちがう言葉でくらしてきた人びと、例えばアイヌと和人、うちなんちゅや世界の色々な地域にルーツをもつ人びと。和人とは、日本人（日本国の人）のうち、日本語と日本の文化をつくってきた人びと、うちなんちゅは琉球（沖縄）の人びとです。ほかにも、ちがう宗教をもつ人びと、手話や文字・点字でコミュニケーションする人、車イスに乗る人、病気の人。性別だってさまざまです。生まれつきの体と、自分自身の気持ちがちがう人もいれば、どちらでもないと思う人もいます。ちがう性別の人が好きか、同じ性別の人が好きかといったちがいもあります。

　その人が心の中で自分をどう思っているかは、聞いてみなければわかりません。それに、自分の立場を人に話したいかどうかもわかりません。ですから、色々なちがいをもった人が（たとえ数が少なくとも）、楽しく暮らせる世の中は、わたしたちがそれぞれの幸福を想像する力によってつくられます。この本では、アイヌの歴史やくらしを紹介します。くらしの中には和人と似ているところもありますが、特に言葉は大きくちがいます。世界には、いくつもの言葉が使われている国がたくさんあり、それぞれの考え方が認め合えるように努力している人びとがたくさんいます。日本もそういう国になることをめざし、ちがいを大切にするしくみや法律が少しずつつくられています。この本を読むことで、みなさんが自分の立場やほかの人の立場を知り、考えるヒントがみつかればうれしく思います。

北原モコットゥナシ

先住民族アイヌとは？

ヤウンモシリで人が暮らすように なったのは、今から3万年前

3万年前、ユーラシア大陸からたくさんの人がヤウンモシリ（北海道）へ移動してきました。このころのヤウンモシリには、マンモスやオオツノジカなどが生息していました。人びとは、動物を追って移動しながら、石器（石でつくった道具）で狩りや漁を行い、食糧を得て暮らしました。

同じころ、朝鮮半島や沖縄の島々をわたり、本州へもたくさんの人がうつり住んだと言われています。

およそ1万年前、移動式の生活から、 家を建てて決まった場所に住むようになった

今から1万年前になると、道具をつくる技術が進歩して、狩りや漁に弓矢や、つり針などが使われるようになりました。また、土器を使って、食べ物を保存したり、調理をしたりするようになったのもこのころだと考えられています。道具のおかげで、動物を追って移動しなくても、安定した食糧が得られるようになり、人びとは、家をつくって決まった場所に住むようになりました。

アムール川

ヤンケモシリ
（樺太）

マンチウ
（中国東北部）

ルトム
（千島列島）

ヤウンモシリ
（北海道）

サモロモシリ
（本州）

北海道に住むアイヌは自分たちが住む土地を「ヤウンモシリ（陸にある世界）」と呼び、和人が住む土地のことを「サモロモシリ（そばの世界）」と呼ぶ。「北海道」という地名は、1869年に、明治政府によって名付けられた。

アイヌは、北海道や樺太、千島列島、東北地方北部などで昔から暮らしてきた先住民族です。昔のアイヌは、北の大地でどんなふうに暮らしてきたのでしょうか？

約2000年前、道具の発達で、狩りや漁の技術がさらに進化

　約2000年前には、おもに本州との交易によって、ヤウンモシリにはなかった鉄器など、金属製の道具が手に入りやすくなりました。金属製のじょうぶな道具を手にしたことで、狩りや漁の技術はさらに進化しました。また、鉄器を手に入れるために、交易がより重要となり、ヤウンモシリに暮らす人びとと外の世界との結びつきは、より強いものになっていきました。7世紀になるころには、鉄器がヤウンモシリ全体に広まり、石器はほとんど使われなくなりました。

5世紀、北から渡来人がやって来た！

　5世紀になるころ、樺太からヤウンモシリへ、オホーツク文化人とも呼ばれる渡来人たちが移り住んできました。渡来人たちは、クマやアザラシなどの動物を信仰する文化をはじめ、中国大陸とつながりのある文化をヤウンモシリへ残しました。その結果、ヤウンモシリの人びとと、樺太や中国大陸との交流も、ますますさかんになっていきました。

14世紀、和人がヤウンモシリ南部へ

　14世紀に入ると、和人が現在の函館市周辺へ移住するようになりました。和人とは、アイヌから見た日本人の呼び方です。アイヌ語では、「シサム」といいます。また、このころ、交易で陶器や漆器、なべなどの鉄製品が広まり、土器が使われなくなっていきました。長い時間をかけて、ヤウンモシリではさまざまな地域の文化が混ざり合い、アイヌ独自の文化がみがかれていきました。それらは現在まで受け継がれています。

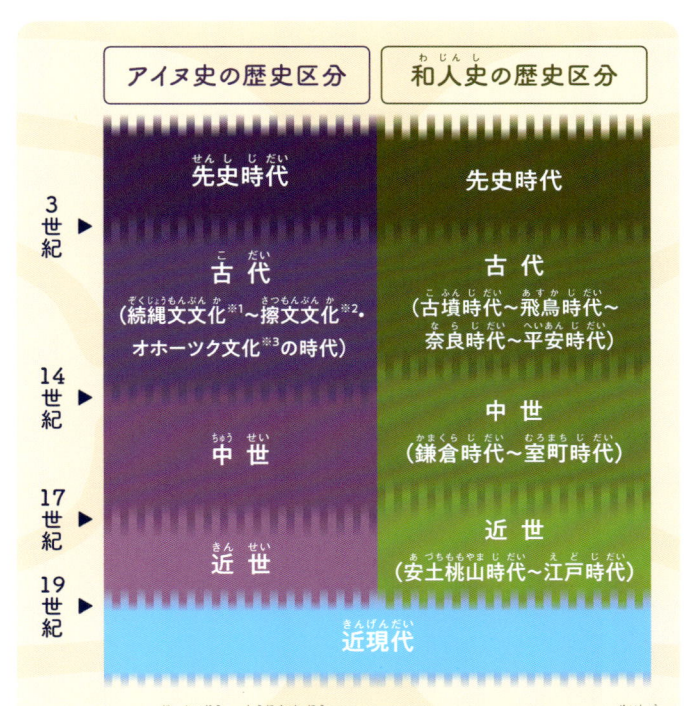

アイヌ史の歴史区分	和人史の歴史区分
先史時代	先史時代
古代（続縄文文化※1～擦文文化※2・オホーツク文化※3の時代）	古代（古墳時代～飛鳥時代～奈良時代～平安時代）
中世	中世（鎌倉時代～室町時代）
近世	近世（安土桃山時代～江戸時代）
近現代	近現代

3世紀▶　14世紀▶　17世紀▶　19世紀▶

※1～3は、北海道や東北地方北部を中心に形成された文化の名称

アイヌも和人も、豊かな文化を生み出してきました。その特徴は土器にも表れています。

ヤウンモシリの土器

先史時代

北海道立埋蔵文化財センター所蔵

古代

厚真町教育委員会所蔵

本州の土器

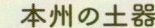

縄のもようをもつ縄文土器はヤウンモシリから沖縄まで分布していたが、文化や社会のあり方は、地域により多様だった。

十日町市博物館所蔵

本州では土器にほとんどもようをつけなくなったが、ヤウンモシリの土器は新しいデザインでかざられるようになる。

蓬田村教育委員会所蔵

本州から北のさまざまな民族

海をわたって、さまざまな民族が交流！

アイヌは、さまざまな民族と関わりをもちながら暮らしてきました。アイヌをはじめ、北方の人びとは、厳しい寒さの中、生活の知恵や技術を育んできたのです。

アムール川

ナーナイ

マンチウ（中国東北部）

漁が得意！

川でサケやコイ、チョウザメなどをとる（チョウザメの卵はキャビア）。魚の皮を加工するのが得意で、服やくつ、楽器をつくる。

和人の文化を取り入れつつ、アイヌ文化を守る

和人風の衣服を着る人もいたが、アイヌの伝統衣服を着る人もいた。狩りや漁の技術、船を操る技術が高かったため、弘前藩や南部藩から、船で荷物を運ぶ仕事を任されていた。

樺太アイヌ

北海道アイヌ

江戸幕府のもと、武士や農民が暮らす

変化に富む気候や環境のなか、農耕をはじめ、漁業、林業などで暮らしを立ててきた。また、身分がはっきり分かれており、商人や職人、武士は大きな町をつくって暮らした

東北アイヌ

和人

北方の大地では、独自の言葉や生活習慣をもつ、さまざまな民族が暮らしてきました。ここでは、18〜19世紀の各民族と、その暮らしぶりを紹介します。

ニヴフ

ヤンケモシリ（樺太）

厳しい寒さを乗りこえようと、魚や動物の皮で服づくり

狩りや漁をして生活する。和人と中国の貿易で、間を取り持つ。冬の厳しい寒さから体を守るために、魚やアザラシなどの動物の皮から、衣服をつくる。樺太北部から、アムール川の河口に暮らす。

ウイルタ

トナカイといっしょに暮らす

狩りや漁を行いながら、トナカイを連れて生活する。夏は漁を中心とした生活を送り、冬は、トナカイが引くそりで移動しながら狩りをして暮らす。

海をわたってさかんに交易

ラッコの毛皮を交易品として、他の民族と交流。ラッコの毛皮製品は、遠いロシアまで、もたらされる。北海道アイヌは、人の顔をかたどったものはつくらないが、千島アイヌは、木製のお面を残している。

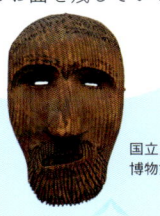

国立民族学
博物館所蔵

そりを操って氷原を移動！

樺太アイヌやニヴフは、冬の間は犬ぞりを使って移動をする。そりは、3〜13頭ほどの犬が力を合わせて引くものなので、どの家でも犬を十数頭飼育する。そりの先頭を走る犬はリーダーで、特に頭のよい犬が選ばれる。

ルトム（千島列島）

千島アイヌ

おいしいサケをすみずみまで利用

秋にはおいしいサケがたくさんとれる。サケは、大切な食糧として、捨てる部分がないくらいていねいに味わう。食用とするだけではなく、皮からくつや衣服もつくる。

ヤウンモシリ

〔 陸にある世界 〕

アイヌは、海に囲まれた土地で暮らしてきました。そこで、自分たちが暮らす土地を「ヤウンモシリ（陸にある世界）」と呼びます。それに対して、海の向こう側に広がる土地のことは「レプンモシリ（沖にある世界）」と呼びます。ヤウンモシリの豊かな自然と、厳しい寒さの中でアイヌは暮らし、さまざまな生活の知恵を育んできたのです。

ヤウンモシリ
の豊かな自然

たくさんの生き物が暮らす広大な森林

森林はアイヌ語で「ニタイ」。カラマツやトドマツ、ミズナラなどの樹木が見られる。本州では見られない動物がたくさん暮らす。

さまざまな生き物がやって来る豊かな海

海はアイヌ語で「アトゥイ」。北は流氷が見られるオホーツク海、西は日本海、南東は太平洋に囲まれている。

厳しい寒さが半年以上つづく

ヤウンモシリの冬は長く寒い。1902年1月には、－41℃を記録した地域もあるほどだ。真っ白な雪景色は、3月ごろまでつづく。

すずしく、すごしやすい夏

夏は、1年のうち、もっとも活動がしやすい季節。25℃をこえる日があまりないので、蒸し暑さを感じることも少ない。

コラム

季節の呼び方

アイヌ語では、四季をパイカラ（春）、サク（夏）、チュク（秋）、マタ（冬）と呼びます。また、このほかに「サクパ（夏の年）」、「マタパ（冬の年）」という季節の呼び方もあります。暖かくなり、雪どけを迎えるころがサクパの始まりで、雪が降り始めるころがマタパの始まりです。また、暖かい時季は、女性が山菜を採ったり、畑仕事をしたりするときなので、「マッネパ（女の年）」とも言います。

コタン

〔村〕

キムンイウォロ
（狩猟をする場所）

山で狩りをして、家族や村の人のための食糧を調達する。

川でとれる魚も、大切な食糧。サケなどをとる。

ペチウォロ
（漁をする場所）

自然のめぐみを受けながら、みんなで助け合って生活する

この絵は、今から150年ほど前のコタン（村）のようすをえがいたものです。コタンの住人は親せき同士である場合が多く、その中からコタンコロクルとよばれる村長を選んで生活します。

コタンのまわりには山や川があり、住人はそこで食糧や衣服の材料など、生活に必要なものを調達します。コタン同士で獲物を取り合うことがないように、狩りや漁をする場所は、コタンごとに決まっています。

コタンとは、数軒（すうけん）の家が集まった村のことです。コタンは、魚をとったり、水をくんだりするのに便利な水辺にあります。川の上流から河口にかけて、複数（ふくすう）のコタンがつくられます。

チプ
（舟）

舟は、物を運んだり移動（いどう）したりするときに欠かせない交通手段（こうつうしゅだん）。

それぞれの家のまわりに、食べ物をたくわえておく倉庫や、神さまへお祈（いの）りをする祭壇（さいだん）がある。すべて、生活に欠かせないもの。

アシンル
（トイレ）

ヌササン
（祭壇（さいだん））

チセ
（家）

プ
（食糧庫（しょくりょうこ））

ヘペレセッ
（子ぐまの家）

自然の中にあるものだけでつくる家！

チセ

チセは、くぎを使わず、木や草など自然の中にあるものだけでつくる家です。室内の炉（ろ）では、1年中、火をたきます。火は湿気（しっけ）を防（ふせ）ぎ、けむりは虫よけになります。

屋根やかべをカヤという植物のくきでおおったチセ。カヤのくきは、水をはじく性質（せいしつ）があるので、雨や雪に強い。

撮影地：北海道平取町

寒い冬を乗りこえるために、工夫された家

チセをつくるには、柱となるじょうぶな木と、屋根やかべをおおう植物などが必要です。山に育つ植物は、地域（ちいき）によってちがうため、手に入りやすい植物でつくります。

ヤウンモシリ（北海道）では、雪が降る時季が長く続きます。チセの屋根の傾斜（けいしゃ）が急なのは、雪が降（ふ）り積もるのを防（ふせ）ぐための工夫です。

撮影地：北海道旭川市

屋根やかべにササの葉を使ったチセ。葉を何枚も重ね、雨水が家の中へ入るのを防（ふせ）ぐ。

写真協力：東北大学大学院文学研究科

樺太（からふと）で夏に住む、樹皮（じゅひ）を使ったチセの模型（もけい）。シラカンバやマツなどの木の皮を使う。

家の中の ようすを 見てみよう

チセの中は、家族が安心して暮らすための空間です。
ふだん、家族は温かい炉のまわりですごします。
家の中には、家族を守ってくれる神さまもいます。

パラカ（炉だな）
炉の上には、魚や肉を干すための炉だながある。こうしておくと、魚や肉が炉のけむりで燻製になって、長く保存ができる。

ロルンプヤラ（上座の窓）
家の入り口と反対側の窓は、神さまたちが出入りする特別な窓。この窓から、家の中をのぞくことは、かたく禁止されている。

モセム（前小屋）
家の入り口から部屋の入り口に通じる場所は、玄関と物置をかねた空間。

アペソ（炉）
炉の火は、室内を温めるだけでなく、料理にも使う。また、照明の役割も果たす。炉には火の神がいるので、家の中での儀式は、炉のまわりで行う。

イヌマ（宝物の置き場）
儀式で使う道具などを置く場所。大切なものを置くので、美しいもようのござでまわりをかざる。

特に寒さが厳しい地域では、夏と冬で住む家を変える

樺太や千島など、寒さが厳しい地域では、夏と冬で住む家を変えます。冬に住む家は「トイチセ」と言って、地面に穴をほって部屋をつくります。地中は外の気温の影響を受けにくいので、寒さをしのぐことができます。

撮影地：樺太

トイチセ（土の家）。11〜4月に使う。

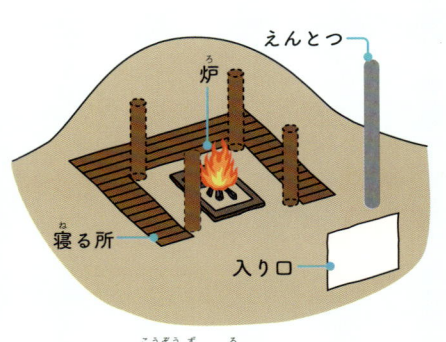

トイチセの構造図。炉が中心にある。

写真協力：北海道立北方民族博物館

アミプ
［着物］

身近な素材でつくった、じょうぶな着物を着て生活する

アイヌの着物には、樹木や動物の皮など、自然の素材からつくるもののほか、和人との交易で手に入れた木綿を利用したものなど、さまざまあります。どれも、身近な素材を活かしてつくられた着物ばかりです。また、じょうぶなだけでなく、糸や布で、美しいもようもほどこされています。

オホーツク海側や樺太など、寒い地域では、クマやアザラシの皮で服をつくり、寒さから体を守ります。

もようの入れ方は2種類！

下地とちがう色の布をぬいつけて、もようにする方法。
北海道大学植物園所蔵

もようをししゅうする方法。ししゅう糸は、木の皮や木の実で色を染める。
市立函館博物館所蔵

アイヌの着物には、動物や魚、植物の皮など、さまざまな素材が使われます。現在も、木の皮から美しい布を織り、着物をつくる技術が受け継がれています。

コラム

特別な儀式のときは、きれいなアクセサリーを身につける

神さまへお祈りをする大切な儀式や、村のお祭りのときなどには、もようがたくさん入ったとっておきの着物を着ます。また、女性は首かざりや耳かざり、指輪も身につけます。首かざりには、布でできた「レクトゥンペ」や、ガラス玉を使った「タマサイ」があります。耳には、ふだんはブドウのつるなどをつけていますが、特別なときは「ニンカリ」という耳かざりをつけます。男性も耳かざりや指輪を身につけます。

レクトゥンペ　　タマサイ

美しいガラス玉をつなげたタマサイ。

アイヌ民族文化財団所蔵

木の皮でつくった伝統的な織物
アットゥシ

アイヌの着物にはさまざまな種類があります。その中でも、木の皮をもとにつくった布をアットゥシと言い、アットゥシからつくった着物のことを「アットゥシアミプ」と言います。アットゥシアミプができあがるまでの工程を、見てみましょう。

1 「オヒョウ」という木の皮をはぐ

皮をはぐ作業は春先から夏ごろまでに行う。この時期はオヒョウの木が水分をたっぷりふくんでいて、木の皮をはがしやすい。

2 皮を沼や温泉につけて洗い、干す

木の外皮をはがし、内皮を沼の水や温泉につける。すると何層も重なった皮の層がはがれやすくなる。皮の層をはがしたら流水で洗い、日光にあてて干す。

4 糸を織って布にする

しあがった糸を、「イシタイキニ」という機織り機で織って、布にする。アットゥシアミプを1着つくるのには、8mの布が必要。

3 皮をさいて、糸をつむぐ

皮をもう一度水につけてやわらかくした後、細くさいていく。さいた皮は結んで長くつなぎ、よりをかけて糸にする。長い糸ができたら、くるくると球状に巻いて糸玉をつくる。

5 着物の形にぬって、もようをつける

布を着物の形に仕立てたら、ししゅうをしたり、布をもようの形にぬいつけたりしてかざる。

北海道大学植物園所蔵

2か月近くかけて、アットゥシアミプができあがる。アットゥシアミプは水に強く、通気性もよい。その上、とてもじょうぶ。

アットゥシアミプのできあがり！

着物や
小物を
見てみよう

ヤウンモシリ（北海道）や樺太、千島では、素材やもようなど、さまざまな特徴をもつ着物がつくられてきました。どんな着物があるのでしょうか？素材やもように注目して見てみましょう。

切りぬきもようの着物

もようの形に切りぬいた布を土台の着物にぬいつけたもの。複雑な形のもようを切りぬくには高い技術が必要。

北海道大学植物園所蔵

テープ状の布をぬいつけた着物

色とりどりの布を細いテープ状に切り、もようの形にぬいつけたもの。写真はアイヌの着物で最も古いとされるもの。

釧路市立博物館所蔵

ししゅうもようの着物

木綿地でつくった着物に、ししゅうをほどこした着物。和服のツヅレの古着にししゅうをしてつくったものもある。

市立函館博物館所蔵

テタラペ

イラクサという草のせんいから布をつくって仕立てた樺太の着物。テタラペとは「白い着物」という意味。

市立函館博物館所蔵

コラム

北陸・東北地方の着物と名前がにてる？「チチリ」「サクリ」

北陸・東北地方には、フジやコウゾなどの植物からつくった「ツヅレ」や、古着をほどいて着物にした「サックリ」などがあります。アイヌの着物には「チチリ」「サクリ」と呼ばれるものがありますが、これは、ツヅレやサックリを利用したものだと考えられています。

新潟県の「オツヅレ」。藤糸で織ってある。

新潟県立歴史博物館所蔵

チルル（鳥皮衣）

羽毛がついたままの海鳥の皮を使った、千島の着物。水を通さず、寒さに強い。ヤウンモシリには羽根を1枚ずつつなぎ合わせたものもある。

北海道大学植物園所蔵

チェプケレ（魚皮靴）

サケの皮を使ってつくるくつ。卵を産んだ後のサケの皮は厚く、じょうぶなので、くつづくりによく使われる。

平取町立二風谷アイヌ文化博物館所蔵

エキムネ
［山仕事］

獲物となる動物に礼をつくして狩りをする

　狩りは男性の仕事です。特に秋冬は、山の中での見通しがよく、狩りにぴったりの季節です。

　シカやウサギ、キツネなどの動物は、ひとり、または数人で狩りをしますが、ヒグマ猟など大がかりな猟では、村の男性数人が力を合わせます。猟の後は、獲物となった動物に感謝して、そのたましいを送る儀式を行います。

アイ（しとめ矢）

ク（弓）

イパプケニ（鹿笛）

イカヨプ（矢筒）

平取町立二風谷アイヌ文化博物館所蔵

どれも、木を使って手づくりしたもの！

　弓と矢は、活発に動き回るシカなどの動物をしとめるときに欠かせない。矢にはスルクとよばれる毒をしこんでおくこともある。矢は、矢筒にしまい、背負って狩りをする。鹿笛は、シカの鳴き声に似た音を出し、シカをおびきよせるために使う。

山での仕事はハル（神のもたらす食糧）を得るために、とても大切です。寒い季節も暖かい季節も、長い時間を山ですごします。ここでは、山での狩りや山菜採りのようすを見てみましょう。

わなを張って獲物をねらう!

狩りは、弓矢で動物をねらう方法だけでなく、川や海、柵の中へ獲物を追いこんだり、群れをがけから落としたりと、さまざまな方法で行われます。山の中にわなをしかけておく方法も、よく用いられます。「クワリ（チアマクとも呼ぶ）」というしかけ弓もそのひとつ。糸に動物がひっかかると、毒矢が発射されるしくみです。工夫をこらして狩りを行い、家族が食べていけるだけの食糧を得るのです。

しかけ弓のようすをえがいた、19世紀はじめの絵。
（『蝦夷島奇観』国立国会図書館）

山や野原で山菜を採る
キナカラ

山菜を採る季節を、アイヌ語でキナカㇻと言います。春になると、女の人たちは山菜採りに出かけます。おいしい山菜の見分け方は、おばあさんからお母さんへ、お母さんからむすめへと伝えられていきます。

採れた山菜は、「サラニㇷ゚」という木の皮などから編んだ袋に入れて持ち帰る。山菜の中には、根こそぎ採ってしまうと、生えてくるのに何年もかかるものがある。そうした山菜は、マキリというナイフでくきの根元からつみ採る。

夏に山菜や野菜を採り、冬にそなえて大切に保存

　採れたての山菜のおいしさを味わうことは、暖かい季節の楽しみです。山菜は、たくさん採っておいて、冬の間も食べられるように保存をします。畑でも、野菜や穀物を育てて、冬にそなえて保存をします。寒い地域ならではの暮らしの知恵です。

プクサ
（ギョウジャニンニク）

トゥレㇷ゚
（オオウバユリ）

マカヨ（フキノトウ）

チマキナ（ウド）

山で採れるのは、こんな山菜たち

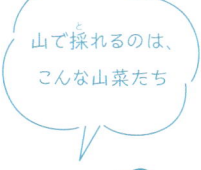

山菜は、オハウという汁物の具にしたり、料理の香り付けに使ったりする。山菜は、料理に入れて食べるだけでなく、けがや病気を治すための薬としても活用される。

美しい彫刻（ちょうこく）が入った道具で山菜採り（と）！

マキリは、山菜を切って採（と）るときに使いますが、それだけではなく、狩（か）りや料理などさまざまな場面で使う道具です。男の人も女の人も、美しいもようのマキリをいつも帯から下げています。

マキリ（ナイフ）

木からものをつくるのは男の人の仕事で、マキリも男の人がつくる。もようも、人それぞれすきなデザインをほる。ナイフの刃（は）はまっすぐな形が多いが、動物をさばくことを目的につくられたものは、刃の形がカーブしている。写真は、木工の名人、シタエパレ作といわれるマキリ。

萱野茂二風谷
アイヌ資料館所蔵

メノコマキリ

女の人用のマキリは、少し小さくつくられている。昔は、男の人が女の人に結婚（けっこん）を申しこむときに、美しいもようをほったメノコマキリをつくって、プレゼントすることもあった。

平取町立二風谷
アイヌ文化博物館所蔵

人物伝

芸術的（げいじゅつてき）な木工作品をたくさんつくった名工

シタエパレ

?〜?年（19世紀）

シタエパレは、千島列島（ちしまれっとう）の南端（なんたん）にある択捉島（えとろふとう）で暮らしていた男の人で、木から美しい道具をつくる名人でした。木のおぼんやおわん、スプーンなどをつくり、そこへ細やかで美しいもようをほっていきます。すべての作業をマキリ1本で行いました。当時は、和人（わじん）がアイヌを無理やり働かせるなど、ひどい行いが目立った時代でした。しかしシタエパレは、誇（ほこ）りを守ろうと、和人（わじん）から離（はな）れた場所に住み、命令にも従（したが）いませんでした。そして作品づくりに打ちこみ、たくさんの名品を残しました。

コラム

川や海での漁も、大切な仕事

川や海での漁（りょう）も、食糧（しょくりょう）を得るための大切な仕事です。男の人は、冬の狩（か）りを終えると、春先から冬のはじめまで、川でサケをとったり、「イタオマチプ」という船で海へ出て漁をしたりします。海では、キテというもり1本で、体長4mの大きなシリカプ（メカジキ）をとることもあります。

シリカプ（メカジキ）。この魚をねらうときは、深夜（じん）から準備（じゅんび）を始めて漁に出る。漁に成功して帰ると、家族にとても喜んでもらえる。シリカプの神さまにお祈（いの）りをしてから、みんなで味わう。

イペ
［食事］

自然のめぐみを食べて、寒い季節も乗りこえる！

　食事では、肉や魚、穀物、そして山菜や野菜をバランスよく食べて栄養をとります。寒くなる秋冬は、野菜や山菜を調達することが難しいので、春夏に採って、保存しておいたものをじょうずに使って料理をします。保存方法は、乾燥させたり、燻製にしたりするほか、寒さを利用して食材を凍らせておく方法や、山菜の根からでんぷんを取り出し、粉にしておく方法などがあります。

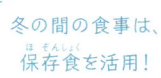
冬の間の食事は、保存食を活用！

山菜から取り出したでんぷんを団子にして、乾燥させ保存したトゥレプアカム。

ジャガイモを寒気の中で凍らせ、保存するムニニモ。春先につぶして干し、使う。

食卓には、山仕事や漁で手に入れた食材や、畑で育った作物からつくった料理がならびます。家族が炉のまわりに集まったら、「ハルカムイ！（食べ物の神さまよ！）」と、自然のめぐみに感謝して、食事を始めます。

コラム

アイヌ料理をおいしくする調味料は？

昔のアイヌ料理では、調味料は食材の味を引き立てるような存在です。その中でも重要なのが、魚や動物の脂。脂のもつ甘みやコクは、食材の風味をじょうずに活かしてくれます。また、脂の栄養は、寒い冬をこえるために欠かせないものです。塩も、料理の味を引きしめるために使います。そのほかに、香り付けに木の実や山菜も活用します。

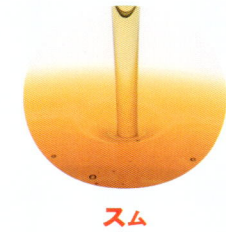

スム
（脂）
料理に混ぜこんで使う。もちなどにつけてもおいしい。

シッポ
（塩）
料理のしあげに加える。昔は、海水も活用した。

レプニハップンカラ
（チョウセンゴミシ）
酸味を加えるのに使う。焼き魚にかけるとおいしい。

食材のうまみを感じるおいしい料理たち！

スケ

料理することをアイヌ語でスケと言います。アイヌ料理の特徴は、シンプルな味つけで、食材そのものの味を楽しむこと。そして、食材をむだにせず、すみずみまで味わうことです。どんな料理があるのでしょうか？

ボリュームたっぷりで、食事のメインとなる料理

オハウ

魚や肉、山菜、野菜などをなべで煮こんだ汁物。サケが入ったオハウは「チェプオハウ」、シカ肉が入ったオハウは「ユゥオハウ」と、使う食材によって、さまざまなオハウができあがる。

オハウに入れるのはこんな食材

動物の肉

魚

山菜

野菜

たっぷりの野菜を脂で味つけした料理

ラタシケプ

カボチャやジャガイモなどの野菜や豆をゆでてつぶし、脂と塩で味つけした料理。ふだんもよく食べるが、儀式のときにも欠かせない。

さらさらと流しこむようにして食べるおかゆ

サヨ

ヒエやイナキビなどの穀物を、たっぷりの水でたいたおかゆ。冬は、この中に保存しておいた団子を入れて食べることもある。

ソォカナト

カジカという魚の胃や腸に、肝をつめた樺太の料理。肝に脂がのっていてとてもおいしい。

魚の肝をおいしく味わう

お祝いなど、特別なときにつくるお団子

チタタプ

魚や動物を、細かくきざんで食べる料理。肉や内臓、軟骨なども、むだなく食べられて、栄養もとれる。

シト

穀物からつくった団子で、儀式のときに必ずつくる。チポロ（イクラ）をかけたチポロシトなどがある。

魚や動物をむだなく味わう！

アイヌ料理に欠かせない食材たち

アイヌ料理は、身近な自然の中に生きる植物や生き物をじょうずに活かしてつくります。広大な自然の中で、食材となるものを見分ける知恵は、長年受け継がれてきたものです。食材の一部を見てみましょう。

山のもの

キナ（山菜）
山で採れた山菜は、そのまま食べたり、保存のため乾燥させたりする。

ニカオプ（木の実）
ドングリやクルミをおやつとして食べたり、団子にしたりして食べる。

カルシ（キノコ）
細かくきざんでオハウに入れる。保存するときは、しっかり乾燥させる。

キムンカムイ（ヒグマ）
肉を保存するときは、なべで煮てから乾燥させ、さらに燻製にする。

ユク（シカ）
シカは頭数が多く、肉の味がよいのでアイヌ料理に欠かせない。

イソポ（ウサギ）
肉をチタタプなどにする。尾のつけ根がおいしい。ウサギ肉はフランス料理でも人気。

ニウエオ（エゾリス）
チタタプにして食べる。団子にしたチタタプをスープに入れてもよい。

川・海のもの

カムイチェプ（サケ）
魚の中でいちばん大切な食糧。オハウに入れたり、焼いたりする。保存食としても重要。

エレクシ（タラ）
干して保存し、オハウに入れる。ジャガイモと相性がよい。肝臓から脂もとる。

パケポロ（カジカ）
肝がおいしいので、腸づめなどの料理にして食べる。煮たり焼いたりして食べたりもする。

シリカプ（メカジキ）
身がとてもおいしい。漁は8月ごろに行う。

カルマ（ネズミザメ）
オハウに入れるほか頭部を細かく切り加熱して食べる。肝臓から脂もとる。

海獣
アザラシやトド、オットセイの肉をオハウに入れて食べる。

畑のもの

ピヤパ（ヒエ）
おかゆのサヨにして食べる。神さまにささげるお酒をつくるのにも使う。

ムンチロ（アワ）
うすでつき、粉状にしてから、サヨや団子にして食べる。

コソイミ（ジャガイモ）
アイヌ料理で大人気の食材。野菜は、ほかにカボチャやニンジンもつくる。

カムイ ［神さま］

シリペケレツプカムイ
太陽の神さま。
月の神さまは
クンネツプカムイ。

**チセパンノキアンパカムイ、
チセペンノキアンパカムイ**
家の軒下に住み、家を地震や
大雨から守る夫婦神。

コタンコロカムイ
シマフクロウ。
村を守ってくれる
神さま。

チセコロカムイ
チセ（家）の神。家族に危険
がせまると、夢で教えてくれ
る。十勝地方ではまつらない。

シリコロカムイ
樹木には、大地の神さまが
宿るので「大地を司る神」と
いう意味の名前をもつ。

アペウチフチ
炉に宿る火の神で、おば
あさん（フチ）の姿。地域
によっては夫婦神。

カムイが住む世界と、人間が住む世界

　動物や植物は、人間と同じよう
に尊重されます。道具も、生活の
中で大切にあつかわれます。それ
は、地上にあるものはすべて、カ
ムイやその仲間が姿を変えたもの
だとされるためです。

　カムイは、人間に食べ物や着物
をあたえるために、姿を変えて地
上に舞い降りてきます。生活の中
のありとあらゆるものや場所に生
命が宿っていて、そのすべてを敬
うのです。

アイヌモシリ

カント

動物や植物は、
アイヌにとって
神さまと同じ

人間が住む世界は「アイヌモシリ」、カムイが住む世界は「カント」と
言う。カムイは、カントでは人間の姿で暮らし、アイヌを見守る。しか
しときどき、動物や植物の姿になり、アイヌモシリにやって来る。

アイヌはこの世のものすべてに、たましいが宿ると考えます。その中でも、自然や動物、道具など、人間にめぐみをあたえてくれるものを、カムイと呼んで敬います。そのほかに災害や病気のように人間の力がおよばないものも、カムイだと考えます。

キムンカムイ
ヒグマのこと。キムンカムイは「山の神」という意味。

オンルプシカムイ
オオカミ。「獲物をとるのが得意な神」という意味。

ワッカウシカムイ
水の神さま。夜に水くみをするときは、眠っている神さまに声をかけてから水をくむ。

ルコロカムイ
トイレの神。危険なとき、いちばんにかけつけて助けてくれる。

チロンヌプ
キタキツネ。アイヌの身近な狩りの対象で、食用としたり、頭骨を守り神としたりした。

 コラム

日常的に、神さまへの感謝を欠かさない

春と秋は、神さまへの感謝を示す大きなお祭りを行う季節です。しかし、ふだんの生活の中でも、その気持ちをわすれることはありません。例えば、山へ出かけておいしそうなきのこを見つけたときには、きのこの神さまへの感謝と敬意を表すあいさつをしてから、そのきのこを採ります。神さまは日常と切り離すことができない存在なのです。

神さまを敬う気持ちを表すあいさつの動作。男性の動作は「オンカムイ」、女性の動作は「ライメッカラ」という。

カムイに感謝をささげる儀式
カムイノミ

カムイノミは、カムイ（神さま）へ感謝を伝え、平和な暮らしがつづくようにと祈りをささげる儀式です。知識と経験が豊富な、村のエカシ（長老）が中心となって行います。

儀式のときには、いろいろな決まりごとがある。座るときのならび方もそのひとつ。男性が炉を囲むように座り、女性は後ろにならぶ。

神さまへのおくり物
炉とロルンプヤラの間は、神聖な場所。カムイへささげるごちそうやお酒はここに置く。

ヌササン
（祭壇）

アベウチフチ
（火の神）

ロルンプヤラ
（上座の窓）

家の中でのお祈りの後、家の外のヌササンにまつったカムイにもお祈りをささげる。

きちんとお祈りをすることで、カムイが応えてくれる

儀式を行うときは、カムイへごちそうやお酒、おどりなどをささげます。カムイへお願いごとをするばかりではなく、人間からもきちんとおくり物をすることで、その分、カムイからめぐみが得られるという考え方です。儀式の後は、村のみんなでごちそうを囲み、楽しくすごします。

写真提供：アイヌ民族文化財団

お酒は、カムイへささげるためのもの

カムイへささげるお酒をトノトと言い、ピヤパ（ヒエ）やムンチロ（アワ）、シヤマム（米）などからつくる。しこみは、儀式の1週間から10日前から始める。お酒づくりのとちゅう、トノトが、おいしくしあがるように、火の神さまへ祈りをささげる。

カムイに祈りを届けてくれる道具たち

儀式のときは、特別な道具や、カムイへのおくり物を用意します。儀式に使う道具は、とても大切なものなので、ふだんは家の中の宝物を置く場所にしまってあります。大きなお祭りでは、おくり物をたくさん用意するので、村のみんなで協力してつくります。

動物の顔や、きれいなもようが彫ってある！

トゥキ（酒器）

トノト（お酒）を入れるおわん。トゥキにトノトを満たして、そこへイクパスイをつけ、上下にゆらして祈る。

北海道大学植物園所蔵

イクパスイ（奉酒箸）

「イク」は「お酒を飲む」、「パスイ」は「箸」という意味。大きなお祭りから個人的なお祈りまで、祈りの場には欠かせない。上は、まっすぐな木を割ってつくったもの。一方、下のイクパスイのように、木の節や、変形した枝の形を利用してつくったものもある。地域やつくり手によって、さまざまなもようがある。

上／国立民族学博物館所蔵、下／北海道大学植物園所蔵

イナウル

頭につけるかんむり。まず、ブドウヅルの皮などで組みひもをつくり、それを編む。さらにイナウでかざって完成する。アイヌの男性が正装するとき身につける。

アイヌ民族文化財団所蔵

イナウ（木幣）

イナウは、カムイへのおくり物。儀式のときは、新しいイナウをつくってささげる。イナウはカムイの元へ届くと金や銀に変わるので、ささげると、カムイがとても喜んでくれる。皮をむいた木の表面をリボン状にけずりとり、ふさにまとめてつくる。写真は旭川地方のイナウ。

国立民族学博物館所蔵

オプニレ
［カムイの国へ霊を送る］

人間の力になってくれたものに、祈りをささげてカムイの国へ送る

アイヌがオプニレの儀式を行うのは、狩りで動物をとったときや、使っていた道具を捨てなくてはならなくなったときです。

オプニレは、人間の力になってくれたものに、感謝を伝える儀式。動物は、食糧となって人間に力をあたえてくれる存在で、道具は人間のために働き、暮らしを豊かにしてくれるものなので、お供えをして儀式を行い、カムイの国へ送り出すのです。

使えなくなってしまった舟の霊を送る儀式のようす。舟にイナウ（木幣）をささげて、ヌササン（祭壇）の前でお祈りをする。送られたたましいは、お供えのごちそうやイナウを仲間たちと分け合い、カムイの国でも尊敬されるようになる。

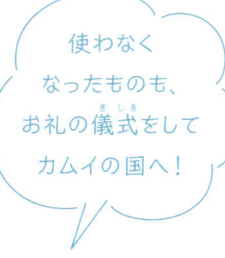

使わなくなったものも、お礼の儀式をしてカムイの国へ！

動物をとったり、道具が役目を終えたりしたときには、たましいをカムイ（神さま）の国へ送るための儀式（ぎしき）を行います。これを、「オプニレ」と言います。

コラム

各地で見られる、クマを送る儀式（ぎしき）

ヒグマは、キムンカムイ（山の神）と呼ばれ、動物の中でも特に敬（うやま）われる存在（そんざい）です。とりわけ、ヒグマの子を村に連れ帰って育てた後、そのたましいを送る「イヨマンテ」という儀式は、「飼（か）いグマ儀礼（ぎれい）」とも呼ばれ、アイヌの儀式の中でも特に大きなものです。じつは、飼いグマ儀礼を行うのは、アイヌだけではありません。ウリチ、ニヴフ、ウイルタといった、アムール川流域（りゅういき）から樺太（からふと）に住む民族が、アイヌとよく似た儀式を行います。

ニヴフ
ウリチ
ニヴフ
ヤンケモシリ（樺太（からふと））
アムール川
ウイルタ
マンチウ（中国東北部（ちゅうごくとうほくぶ））
樺太アイヌ（からふと）
北海道アイヌ（ほっかいどう）

リムセ
［おどり］

村のみんなが集まったとき、おどりは欠かせない！

アイヌにとって、おどりは生活の中にとけこんでいて、とても身近なものです。村のお祭りや儀式で、おおぜいの人が集まると、手拍子や音楽にのせて、みんなで歌い、おどります。

おどりの種類はさまざまで、儀式のときにカムイ（神さま）へささげるおどりや、身近な動物の動きをまねたおどり、魔物をはらうためのおどりなどがあります。

写真：アイヌ民族文化財団

現在、北海道の浦河地方に伝わる「カムイリムセ」。キムンカムイ（ヒグマ）のたましいを送る儀式のときにおどるもの。

儀式のとき、輪になっておどる「カムイリムセ」

アイヌのおどりは、地域によって、「リムセ」「ウポポ」「ホリッパ」「ヘチリ」などと呼びます。歌や楽器の音に合わせて、楽しくおどります。

コラム

ツル、クジラ、バッタ……動物の動きを表現したおどりがたくさん！

鳥や海の生き物、虫など、地域ごとに、身近な動物の動きを表現したおどりがあります。例えば、上の絵は、ツルの母子のようすを表したおどりです。ほかにも、海岸に打ち寄せられたクジラが村の人に食糧をあたえてくれたことへの感謝を表す「フンペリムセ」というおどりや、バッタの動きを表現した「パッタキウポポ」というおどりが伝わっています。

ヤウンモシリにはたくさんのツルがいて、アイヌにとって、とても身近な鳥。そのためか、ツルの動きを表現したおどりが、各地にある。

みんなといるときや、ふとしたときに生まれる歌

シノッチャ

シノッチャとは歌のこと。儀式やお祝いの席のとき、数人で歌う歌は、「ウポポ」や「ヘチリ」などとよびます。ほかにも、子守歌や仕事のときに歌う歌、自分の気持ちや思い出をその場で歌詞にして歌う歌などがあります。

声の使い方やメロディの変化を楽しむ！

アイヌの歌は、声の出し方が特徴的です。声をふるわせたり、わざと裏返らせたりします。また、子守歌のときは、「ホロロロ……」と、口の中で舌をふるわせた音色を出し、子どもをあやします。いろいろな音色の声をあやつれる人ほど、歌がうまいとされます。

写真：アイヌ民族文化財団

おどりが始まる前に、「ウポポ」で場を盛り上げる！

左の写真は、儀式のとき、女の人たちが歌う「ウポポ（座り歌）」のようす。シントコという、うるしぬりの容器のふたをたたいて、リズムを取りながら歌う。

自然の素材からつくった楽器いろいろ

楽器は、木や草などの植物や、動物の皮を利用してつくります。
歌やおどりの伴奏はもちろんのこと、
楽器は、恋心を伝えるときにも活やくします。
楽器の音色で恋心を表現して、好きな人に気持ちを伝えるのです。

トンコリ

マツなどの丸太でつくったハープのような弦楽器。弦は5本のものが多い。肩に立てかけるか左手に持ち、指を弦にかけるようにして弾く。下端の弦をまとめる部分には、アザラシやトドなどの毛皮が使われている。

北海道大学
植物園所蔵

ムックル

多くはチシマザサというササや竹を使った口琴。本体の中央にある弁と呼ばれる部分をふるわせて、音を出す。金属製のものもある。

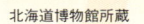

シカ猟のとき、音で獲物をおびき出す！

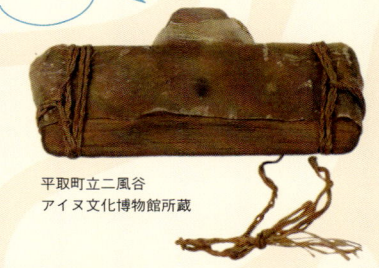

平取町立二風谷
アイヌ文化博物館所蔵

マタチムックン

ハマニンニクという草を使い、葉の中央に切りこみを入れる。かたい軸の部分を手で打ったり、口に当ててふいたりする。子どもがよくつくって遊ぶ。

カチョ

ヤナギの木などを曲げて輪をつくり、トナカイやアザラシの皮を張った太鼓。樺太アイヌの霊能者が、病気を治したり、占いをしたりするときにたたき、太鼓の音でカムイ（神さま）を引き寄せる。

北海道博物館所蔵

イパプケニ

木に動物や魚の皮を張った笛。吸い口から強く息をはくと皮がふるえる。高くするどい、シカの鳴き声のような音が出る。

スマートフォンやタブレットでQR
コードを読み取ると、歌や楽器の音を聞くことができるWEBサイトに移動するよ。

WEBサイトのURL
http://ainu.office303.co.jp/song/

人物伝

トンコリの名人！
西平ウメ　1901〜77年

西平ウメは樺太の東部出身です。おばあさんからトンコリの弾き方を教わり、子どものころからとてもじょうずに弾いていました。第二次世界大戦をきっかけに、家族で樺太から北海道に移り住むと、アイヌの儀式などに招かれてトンコリを披露するようになりました。アイヌの音楽を伝えようと、アイヌ文化の研究者に協力して演奏の録音活動も行いました。今でも多くの人が、彼女の歌や演奏を耳にすることができます。

イタク

［言葉］

タント シリピリカ！
今日は天気がいいよ！

エハポ トゥラノ
エエカル ヘ？
お母さんと
いっしょに来たの？

キナカラアン クス
パイェアン ナ！
山菜採りに行こう！

エノン エオマン
シッタパナ？
どこに行くの？

チェプ チコイキ クス
ペトレン ラパシ！
魚とりに川に降りるよ。

クアニ ウサ
クオマン ルスイ！
わたしも行きたい！

アイヌ語ってどんな言葉？

　アイヌ語は、長い間、日本語ととなり合って話されてきた言葉です。しかし、文章の組み立て方や、言葉のひびきは、まったくちがいます。

　アイヌ文化は、書くことより記憶することを大切にしてきましたが、約100年前から、アイヌ語をカタカナやローマ字で書くようになりました。アイヌ語には、大きく分けて北海道、北千島、樺太と3つの方言があります。このうち、言葉について一番わかっているのは北海道の方言です。ここでは、十勝地方の言葉を紹介します。

トナカイ

ラッコ

みんな
アイヌ語！

シシャモ

アイヌ語では、トナカイは「トゥナハカイ」、シシャモは「スサム」、ラッコは「ラッコ」。どれも、日本語の日常会話にとけこんでいる言葉だ。

アイヌ語は、カタカナかローマ字で書きます。どんなふうに話す言葉なのでしょうか？
まずは、かんたんな日常会話（にちじょうかいわ）からアイヌ語にふれてみましょう。

クシンキ フマン。
クイペルスイ ナ
つかれた。
お腹（なか）が空いたよ。

タアンペ
ケラアン フマン
これ、おいしいなあ。

タアン チェプ
カイ エ ヤン
この魚も
食べなさい。

ネㇷ゚ カイ ソモ
エオイラ？
ヤイェトゥパレノ
オシッパ ヤナニ！
何かわすれ物ない？
気をつけて
帰りなさいよ！

イヤイライケレ
ありがとう。

まずは、アイヌ語の単語を
たくさん知ろう！

新しい言葉を学ぶときは、まず、単語を知
るところから！ 感情（かんじょう）を表現（ひょうげん）する言葉や体の
部位など、身近なものからふれてみましょう。

ヌチャクテク
（うれしい）

イルシカ
（怒（おこ）る）

チシ
（泣く）

ミナ
（笑う）

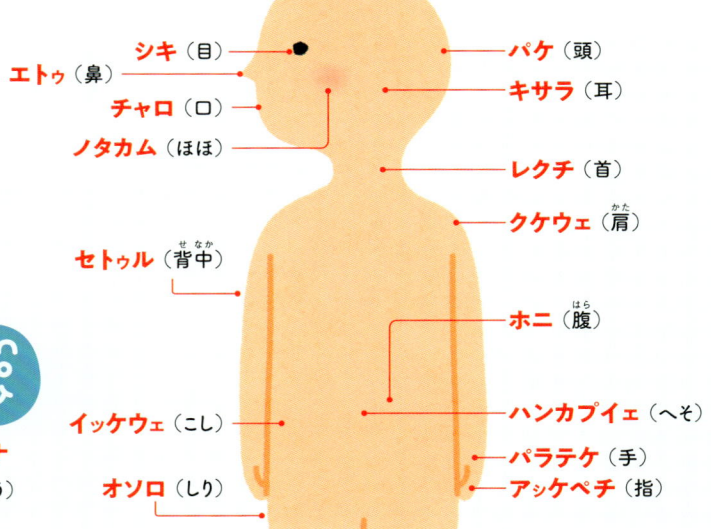

エトゥ（鼻）
シキ（目）
チャロ（口）
ノタカム（ほほ）
パケ（頭）
キサラ（耳）
レクチ（首）
クケウェ（肩（かた））
セトゥル（背中（せなか））
ホニ（腹（はら））
イッケウェ（こし）
ハンカプイェ（へそ）
オソロ（しり）
パラテケ（手）
アㇱケペチ（指）

いくつ知ってる？

アイヌ語が元の地名

北海道

1 稚内
【アイヌ語】**ヤムワッカナィ**
【意味】冷水のある川

2 小樽
【アイヌ語】**オタオロナイ**
【意味】砂浜の中を流れる川。「ナイ」は川という意味の言葉。

3 札幌
【アイヌ語】**サッポロペッ**
【意味】乾いた広大な川。「ペッ」も川という意味の言葉。

4 近文
【アイヌ語】**チカプウニ**
【意味】鳥が多くいるところ

5 富良野
【アイヌ語】**フラヌイ**
【意味】臭い匂いのする所

6 知床
【アイヌ語】**シリエトゥ**
【意味】大地の先端（岬）

7 登別
【アイヌ語】**ヌプルペッ**
【意味】濃い川

8 襟裳
【アイヌ語】**エンルム**
【意味】突き出た岬

9 重蘭窮
【アイヌ語】**チプランケウシ**
【意味】船をおろす所

樺太

北海道

東北地方

北海道や東北地方、千島列島には、もともとアイヌ語でつけられていた地名に、漢字をあてはめたものがたくさんあります。アイヌ語の地名には、その土地の特徴がよく現れています。その一部を見てみましょう。

千島列島

樺太

1 倍加留
【アイヌ語】パイカラ
【意味】春に移り住む村

2 小田洲
【アイヌ語】オタスフ
【意味】砂丘のふもと

3 突岨
【アイヌ語】トゥフソ
【意味】ほら穴

4 楠渓（久春古丹）
【アイヌ語】クシュンコタン
【意味】対岸の村

千島列島

1 国後
【アイヌ語】キナシリ
【意味】草の島

2 択捉
【アイヌ語】エトゥオロプ
【意味】岬のある所

3 幌筵
【アイヌ語】パラモシリ
【意味】広い島

東北地方

1 今別
【アイヌ語】イマペッ
【意味】それ（魚）を焼く川

2 尻労
【アイヌ語】シットゥカリ
【意味】シリ（山）トゥカリ（手前）

3 春日内
【アイヌ語】ハルシナイ
【意味】ハル（食料）ウシ（ある）ナイ（沢）

4 白糠
【アイヌ語】シララカ
【意味】シララ（平らな磯）カ（上）

5 笑内
【アイヌ語】オカシナィ
【意味】川下に小屋のある川

6 浦子内
【アイヌ語】ウラシナイ
【意味】ウライ（漁の道具）ウシ（ある）ナイ（沢）

7 長内
【アイヌ語】オサッナイ
【意味】川下がかわいた沢

8 猿羽根
【アイヌ語】サラパナイ
【意味】サラ（茅の生えた湿地）、パ（上手）、ナイ（沢）

9 保呂内
【アイヌ語】ポロナイ
【意味】ポロ（大きい）ナイ（沢）

オルシペ
［物語］

人間から神さままで登場！
3種類の物語

　アイヌの物語は、語り方によって、3種類に分けられます。

　ひとつ目は、「散文の物語」。主人公や話のあらすじはさまざまで、長い話もあれば、短い話もあります。ふたつ目は、「英雄の物語」です。英雄が大冒険するようすを、語り手がリズムを取りながら、おもしろおかしく語ります。見ても聞いても楽しい物語です。みっつ目は、カムイ（神さま）が主役の「神謡」。カムイと人間の関係性や、カムイどうしの恋愛などがえがかれます。

物語には、いろいろな神さまが登場！

火の神さま

水の神さま

眠気の神さま

動物や植物、自然など、多くの神さまをまつってきたアイヌ。物語にも、多様な神さまが登場します。例えば、火や水の神さまが人にめぐみをあたえる話もあれば、眠気の神さまが、人をなまけさせてしまう話もあります。神さまの姿もさまざまなのです。

物語には、人間や動物などさまざまなキャラクターが登場します。どの物語も、語って聞かせてもらうのが楽しいものばかりです。なかには、語り手が、まるで歌うように聞かせてくれる話もあります。

人物伝

物語をたくさん語って記録！
川上まつ子（かわかみまつこ）　1912〜88年

川上まつ子は、現在の沙流郡平取町（さるぐんびらとりちょう）に生まれました。おばあさんからアイヌ語を教わったおかげで、日常生活（にちじょうせいかつ）で使う言葉をとてもなめらかに話すことができました。アイヌの物語や歌もよく知っていたので、研究者に協力して、たくさんの物語や歌の音声記録を残しました。こうした記録は、次世代にアイヌの物語を伝えるために、大変貴重（きちょう）な資料（しりょう）となっています。また、言語だけでなく、アイヌの伝統的（でんとうてき）な暮らしの知恵（ちえ）についても多くの記録を残しています。

スマートフォンやタブレットでQR（キューアール）コードを読み取ると、アイヌ語の物語を聞くことができるWEB（ウェブ）サイトに移動（いどう）するよ。物語の日本語訳を読むこともできるよ。

WEB（ウェブ）サイトのURL（ユーアールエル）
http://ainu.office303.co.jp/story/

カムイユカ_ラを日本語に訳した

知里幸恵
（ちりゆきえ）

（ 1903 ～ 1922 ）

知里幸恵は、明治36年に北海道の幌別郡登別村（今の登別市）に生まれました。幸恵は語学の才能豊かな少女で、おばあさんから口伝えに聞いた、たくさんのカムイユカ_ラ（神謡の北海道南西部の呼び方）をアイヌ語から日本語に訳しました。それは、アイヌ民族初のことでした。

写真提供：銀のしずく記念館

写真提供：北海道立文学館

知里幸恵が、アイヌ語から日本語に訳したカムイユカ_ラをまとめた『アイヌ神謡集』。17歳から19歳までのわずか2年の間に、13篇のカムイユカ_ラを独自の表記で記し、翻訳した。

金田一京助
（きんだいちきょうすけ）
（ 1882～1971 ）

アイヌ語研究の基礎を築いた研究者。知里幸恵や、幸恵のおばの金成マツらの協力のもと、アイヌ民族の間に口伝えに伝わる文学作品を文字にして記録するなど、文学の研究に力を注いだ。

19年の生涯でアイヌ語の翻訳に力をつくし、『アイヌ神謡集』を完成させた

明治時代、政府はアイヌに、日本語を覚えて和人風の暮らしをするよう強制しました。そのため、アイヌ語やアイヌならではの暮らしは姿を消していきました。

知里幸恵は、そんな時代に、アイヌとしては裕福な家に生まれました。おばあさんはもの知りで、幼い幸恵にアイヌの物語をたくさん聞かせてくれました。

しかしやがて、いわれのない差別に苦しむようになります。高等小学校（今の中学校）では、和人の生徒から「高等へ来るなんて生意気だ」と言われたこともありました。先生の中にも、アイヌを差別する人がたくさんいました。

しかし、15歳のとき、転機が訪れます。東京からアイヌ語研究のためにやって来た、金田一京助との出会いです。金田一は、知里幸恵の語学的な才能におどろき、アイヌ語で語られた物語をぜひ、日本語に訳すようすすめました。知里幸恵は、重い心臓病にかかっていましたが、アイヌの文化を世の中に残したい一心で、必死に翻訳しました。そして19歳のとき、ついに『アイヌ神謡集』を完成させたのです。文章の確認を終えたその日、知里幸恵は息を引き取りました。しかし、今も多くの人が『アイヌ神謡集』を通して、アイヌの物語にふれています。

{ おはなし }

トーロロ ハンロク ハンロク！

トーロロ　ハンロク　ハンロク！
「ある日に、草原を飛びまわって
遊んでいるうちに見ると、
一軒の家があるので戸口へ行って
見ると、家の内に宝の積んである側に
高床がある。その高床の上に
ひとりの若者が鞘を刻んでうつむいて
いたので、私はいたずらをしかけようと思って
敷居の上に座って、
「トーロロ　ハンロク　ハンロク！」と
鳴いた。ところが、彼の若者は刀持つ手を上げ
わたしを見ると、ニッコリ笑って、
「それはお前の謡かえ？　お前の喜びの謡かえ？
もっと聞きたいね。」というので
わたしはよろこんで
「トーロロ　ハンロク　ハンロク！」と鳴くと、
彼の若者のいう事には、
「それはお前のユーカラかえ？　サケハウ※かえ？
もっと近くで聞きたいね。」
わたしはそれをきいてうれしく思い下座の方の
炉縁の上へピョンと飛んで
「トーロロ　ハンロク　ハンロク！」と鳴くと
彼の若者のいうことには、
「それはお前のユーカラかえ？　サケハウかえ？

もっと近くで聞きたいね。」それを聞くとわたしは、
本当にうれしくなって、上座の方の炉縁の
すみのところへピョンと飛んで
「トーロロ　ハンロク　ハンロク！」と鳴いたら
突然！　彼の若者がパッと
たちあがったかと思うと、大きな薪の燃えさしを
取り上げて私の上へ投げつけた音は
体の前がふさがったように思われて、それっきり
どうなったかわからなくなってしまった。
ふと気がついて見たら
芥捨場の末に、ひとつの腹のふくれたカエルが
死んでいて、その耳と耳との間に私はすわっていた。
よく見ると、ただの人間の家だと思ったのは、
オキキリムイ※、神の様に
強い方の家なのであった。そして
オキキリムイだという事も知らずに
わたしがいたずらをしたのであった。
わたしはもう今この様につまらない死に方、
悪い死に方をするのだから、これからの
カエルたちよ、決して、人間たちにいたずらをするの
ではないよ。

　と、ふくれたカエルがいいながら死んでしまった。

※サケハウ……歌の一種を表す言葉。　※オキキリムイ……物語に登場する、アイヌの英雄の名前

スクプ
[生涯]

昔のアイヌは、子どもの時代をどんなふうにすごし、大人になっていったのでしょうか？　また、大人になってからは、どんなふうに生きたのでしょうか？　人生の節目ごとに見てみましょう。

アイヌは、生まれたばかりの赤ちゃんには名前をつけない。ある程度成長して、その子の個性が出てきたころに、性格に合った名前をつける。しかし、この名前も一生使うと決まっているわけではなく、大人になってから大きな病気をしたり、悪い神さまに影響を受けたりすると、変えることがある。

44

遊びを通して、生きるのに必要な力を身につける

子どものうちは、家のお手伝いもしますが、
たくさん遊ぶのも大切なことです。
遊びを通して、狩りの基礎的な技術や、
元気に生きていくために必要な体力を身につけます。

カリㇷ゚カチウ

コクワという植物やブドウのつるを使ってカリㇷ゚（輪）をつくる。転がしたり、投げたりしたカリㇷ゚を木の枝で突いたり、すくい上げたりして遊ぶ。やりで獲物を突きさす練習。

クエシノッ

ク（弓）とアイ（矢）を使い、的を射る遊び。クはハギ、アイはヨモギなどの植物が材料。ホタテの貝殻や毛皮など、さまざまな大きさのものを的にして獲物に見立てて、うでを競う。

クワエテレケ

棒高とび。横に張ったひもを、木の枝を使って飛びこえて高さを競う。ひもの高さは3mほどになることもある。狩りに必要な跳躍力を鍛える。

アッチキレテレケ

3〜4人が後ろ向きになって片足を組み、もう一方の足ではねて引っ張り合いながら回る。足が外れて、転んだ人が負けとなる。道具を使わずにできる遊び。

成長するにつれて、美しく、たくましく！

子どもから大人へ

子どもは、成長する中でさまざまな節目（ふしめ）をむかえます。アイヌの暮（く）らしの中にも、子どもの成長のあかしとなる風習があります。明治時代（めいじじだい）に禁止（きんし）されたため、現在（げんざい）はあまり行われていないこともありますが、こうした風習を受（う）け継（つ）いでいきたいと願う人もいます。

男の子

髪型（かみがた）
子どものころは、前髪（まえがみ）と耳の前の髪（かみ）、後ろ髪を残（のこ）してほかの部分はそる。成長するにつれて髪をのばし、大人になるとき、前髪を少しそり落とす。

初めての狩（か）り
男の子は、狩りで初めて獲物（えもの）をしとめると、一人前と認（みと）められ、樺太（からふと）ではこのとき前髪（まえがみ）をそる。10代のうちには狩りの技術（ぎじゅつ）がしっかりと身につき、大人としてみとめられるようになる。

女の子

髪型（かみがた）
女の子も、子どものころは男の子と同じように髪をそる。そして、成長するにつれて肩（かた）くらいまで髪をのばし、左右で分ける。

いれずみ
12歳（さい）ごろから、くちびるのまわりやまゆの間や額（ひたい）、両手にいれずみをいれるようになる。いれずみが完成するのは15〜16歳で、このころ、一人前の女性（じょせい）として、結婚（けっこん）などがみとめられるようになる。

お守りひも
10〜12歳ごろ、母か母方の女性（じょせい）からゆずり受ける。腰（こし）のあたりではだに直接（ちょくせつ）しめ、人に見せない。ひもの形やしばり方で親せきかどうかわかる。結婚相手（けっこんあいて）は、このひもを見て親せきでない人を選ぶ。

コラム

いれずみ、お歯黒（はぐろ）……。大人のあかしは、さまざま

現在（げんざい）の日本では、一定の年齢（ねんれい）になると、大人としてみとめられるようになります。しかし、昔は少しちがいました。髪型（かみがた）を変えたり、歯を黒くぬったり、体にいれずみをしたりと、大人とみとめられるためのステップが、地域（ちいき）によってさまざまありました。

本州では、女性（じょせい）が大人になるとき、歯を真っ黒にぬる「お歯黒（はぐろ）」の風習があった。明治時代（めいじじだい）のはじめごろまで見られたという。

奄美（あまみ）や琉球（りゅうきゅう）（現在（げんざい）の沖縄（おきなわ））では、女性（じょせい）が両手に「ハジチ」といういれずみをした。アジアの各地で、似た風習が見られる。

大人になってからはどう生きる？

大人になった若者は、村の人たちや家族を支える存在（そんざい）として、活やくするようになります。
大人になってからは、どのような節目（ふしめ）があるのでしょうか？

{ 結婚（けっこん） }

大人になって結婚をすると、独立（どくりつ）して新しい家を建てて（たてて）暮らす（くらす）。結婚式では、火の神さまをはじめとする神さまへ、夫婦（ふうふ）が無事に暮らし、子どもを育てていけるようにお願いをする。自分の家庭だけでなく、お年寄り（としより）や身寄り（みより）のない人のめんどうをみることも、大切な役割（やくわり）。

{ 出産（しゅっさん） }

女性（じょせい）に赤ちゃんができると、お腹（なか）の子が元気に生まれて来るように、村のみんなで気づかう。お産を手伝う（てつだう）のは、村の女性たち。難産（なんざん）となった場合は、村の年長の男性（だんせい）が、囲炉裏（いろり）の下手（しもて）の神さま、うすの神さま、トイレの神さまなどに祈り（いのり）をささげて協力をする。

{ 葬送（そうそう） }

人が亡くなる（なくなる）のは、体からたましい（ラマチ）がぬけてあの世へ行くことだとされる。そのため、死者のたましいが体から離れた（はなれた）後、しばらく時間を置いて、もうもどることはないとわかった後に葬儀（そうぎ）を行う。お墓（はか）には、あの世への道案内となるように墓標（ぼひょう）を立てる。

コラム

あの世とこの世で、生き続けるたましい

あの世は、亡くなった（なくなった）人が暮らす場所です。アイヌ語で、「アナイシリコタン（死者の国）」と言います。生きている人が暮らす場所は「アイヌモシリ」です。アイヌモシリからアナイシリコタンへは、「アフンポル」とか「オマンルチャラ」という、あの世へつながる洞窟（どうくつ）を通って向かいます。アイヌの葬儀では、亡くなった人を送るとき、生活に必要なものをいっしょに墓の中に入れます。それは、亡くなった人のたましいが、この世を離れて（はなれて）あの世へ行った後も、不自由なく暮らせるようにするためです。

タネパクノ
[現代まで]

アイヌの歴史

13〜14世紀 ｜ 海をこえて、自由に交易

13世紀ごろには、アイヌはイタオマチプ（板綴り舟）という船を使って、交易をさかんに行っていました。イタオマチプは、くりぬいた木に板をはった船で、安定性とスピードに優れていました。このころは、交易をじゃまするものはなく、アイヌは自由に交易を行いました。

アイヌがイタオマチプに乗って、航海するようすをえがいた絵。19世紀の作品。
『蝦夷嶋図説』函館市中央図書館所蔵

アイヌを中心に、和人と、中国との交易が行われた

アイヌは和人や樺太のニヴフなどと交易を行い、ニヴフからは中国の品を手に入れました。それをさらに和人が買い求めたので、アイヌは遠く離れた地域の交易を仲立ちする立場になりました。アイヌは交易品を得るために、狩猟や漁に力を入れるようになり、このことでアイヌの文化はみがかれていきました。

ニヴフ

中国大陸
女真族など

ヤンケモシリ（樺太）

アイヌ

ヤウンモシリ（北海道）

アイヌ

13世紀なかば、アイヌはヤウンモシリ（北海道）全域に勢力を広げ、交易拡大のために樺太南部にも進出していった。樺太にはニヴフをはじめとした民族が暮らしていた。ほかにも、北東アジアにはさまざまな民族が暮らしていたが、少しずつ元（モンゴル帝国）が北東アジアにも支配を広げていった。

48

ここでは、アイヌがどんな歴史をたどり、どう未来へ向かっているのかを見てみましょう。アイヌの土地、ヤウンモシリが北海道になるまで、アイヌは世界とどう関わり、どう戦い、その文化を守り、変化させていったのでしょうか。

交易で和人、中国のさまざまな品を手に入れる

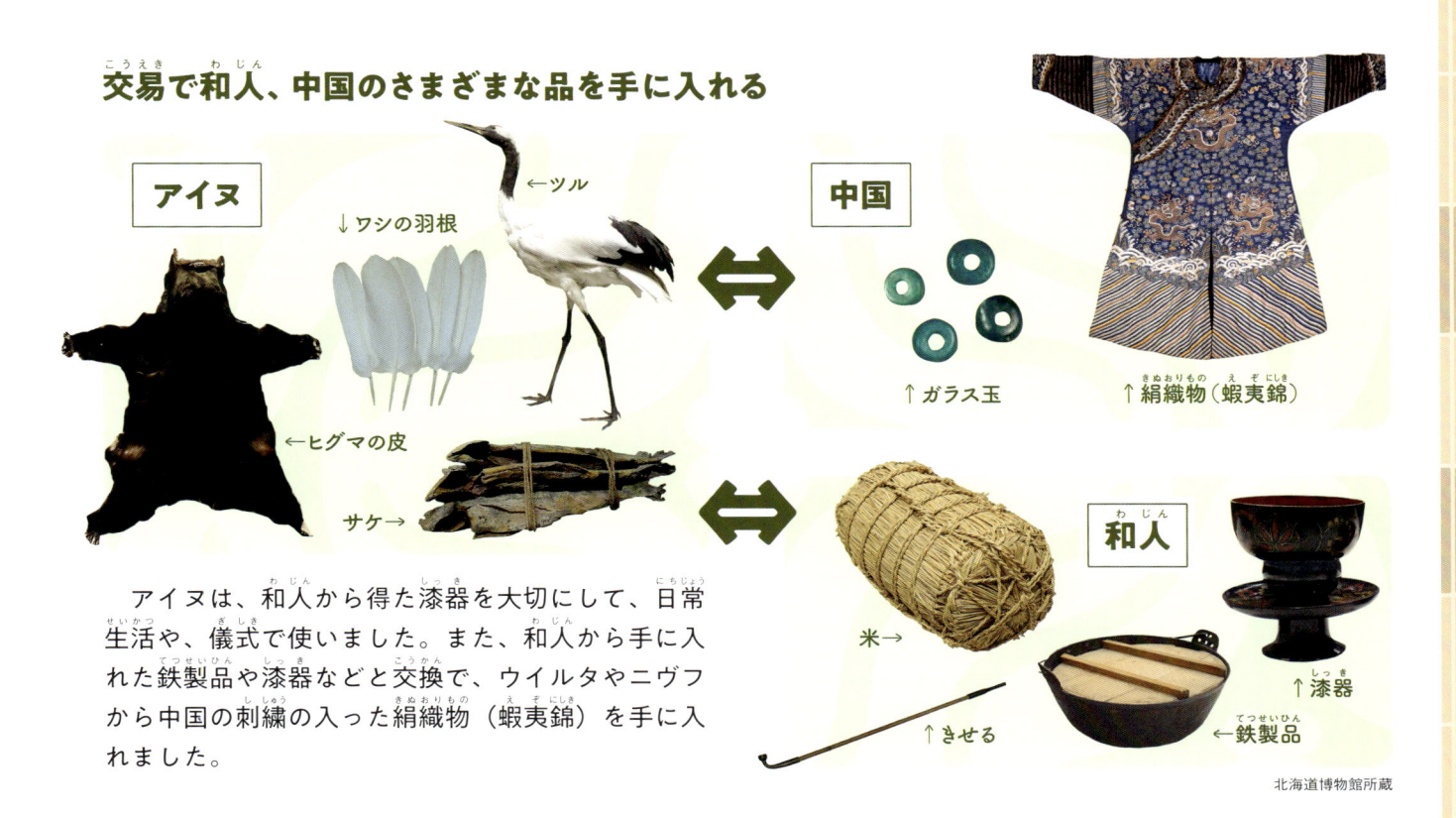

アイヌ

↓ワシの羽根
←ツル
←ヒグマの皮
サケ→

中国

↑ガラス玉
↑絹織物（蝦夷錦）

和人

米→
↑きせる
↑漆器
←鉄製品

北海道博物館所蔵

アイヌは、和人から得た漆器を大切にして、日常生活や、儀式で使いました。また、和人から手に入れた鉄製品や漆器などと交換で、ウイルタやニヴフから中国の刺繍の入った絹織物（蝦夷錦）を手に入れました。

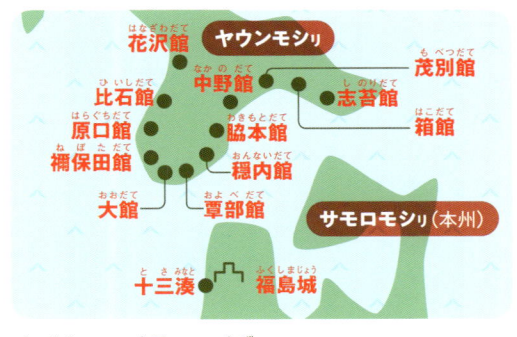

花沢館　ヤウンモシリ
茂別館
中野館
比石館　志苔館
原口館　脇本館　箱館
褌保田館　穏内館
大館　覃部館
サモロモシリ（本州）
十三湊　福島城

和人が「館」を築いて進出

13世紀、現在の青森県津軽半島に安藤氏（安東氏）という領主が現れ、十三湊という港を整備しました。そして、アイヌと和人の交易はより発展しました。14世紀になると、和人はヤウンモシリの南部に進出し、12の拠点となる「館」を築きました。これを道南十二館と言います。

コラム

樺太で、アイヌと元の戦いが起こった！

13世紀から14世紀、中国はモンゴル民族が支配する元という国でした。そのころ、樺太では、アイヌとニヴフとの間に戦闘がたびたび起こりました。アイヌの勢力拡大をおそれた元は、1264年にアイヌに攻撃をしかけ、戦争になりました。戦いは約40年におよびましたが、結局1308年に、アイヌが毎年、元に毛皮をおくることを約束して、戦いは終わりました。

フビライ・ハン

（1215〜1294年）

アイヌと戦った元の皇帝。チンギス・ハンのつくったモンゴル帝国を「元」という名前に改めた。1274年、1281年と2度北九州に攻めこんだ「蒙古襲来」で知られる。

17~18世紀 松前藩の成立によって自由をうばわれていくアイヌ

1604年に誕生した松前藩は、アイヌとの独占的な交易を江戸幕府にゆるされました。このとき、アイヌには交易の自由が保障されていました。ところが、アイヌとの交易で成り立っていた松前藩は、しだいにアイヌから交易の自由をうばうようになっていきます。そして、ヤウンモシリ（北海道）は江戸幕府の領地でなかったにもかかわらず、松前藩はアイヌを支配するようになっていくのです。

現在の北海道松前郡にあった松前城と城下町のようす。交易で町は豊かになり、港には北前船（右ページ参照）がならんでいた。交易にやって来たアイヌもえがかれている。

『松前屏風』小玉貞良・作／松前町郷土資料館所蔵

松前藩の誕生

　15世紀なかば、安東氏が、大名の南部氏にやぶれると、安東氏による渡島半島への支配は弱まりました。その結果、渡島半島では館主の蠣崎氏が力をつけ、ほかの館主たちを支配するようになりました。1593年、蠣崎氏は豊臣秀吉から自立した大名として認められました。その後、蠣崎氏は姓を松前氏と変えて、徳川家康からアイヌとの交易を独占する許可を得ました。そして、和人地に松前藩を開き、城や港を築いてアイヌとの交易を拡大していったのです。

和人地とは、和人が支配する土地のこと。

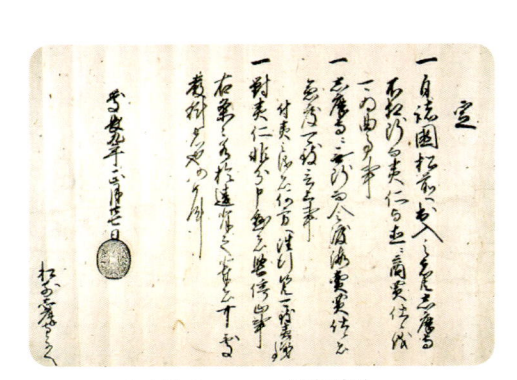

1603年に江戸幕府を開いた徳川家康は、1604年、黒印状を松前氏に送り、アイヌと交易する権利を独占的にあたえた。ただし、松前氏がアイヌの自治を侵したり、和人が乱暴な行いをしたりしてはいけないとも書き記されている。　北海道博物館所蔵

商場知行制で
アイヌへの支配が強まる

　江戸時代、藩主は、配下の武士に農民から米を徴収する権利をあたえました。しかし、現在の北海道に位置する松前藩は、寒さから米づくりができませんでした。そのため、アイヌが暮らす地域を武士に割り当て、独占的にアイヌと交易する権利をあたえました。これを「商場知行制」と言います。武士たちは、松前城の城下町の商人たちに、アイヌから手に入れた品を売ってお金をかせぎました。

場所請負制により、商人たちが
アイヌに横暴なふるまいをするように

　18世紀、現在の滋賀県で活動していた近江商人をはじめ、本州の商人がヤウンモシリに進出します。松前藩は、ヤウンモシリの各地で商業を行う権利を武士に割り当てていましたが、商人の進出以降は、その権利を商人にあたえ、利益の一部を商人から受け取ることにしました。これを「場所請負制」と言います。商人はしだいにアイヌを支配し、本州への輸出品のために漁をさせたり、不公平な条件で交易をしたりするようになりました。しかし、これは幕府が禁じていたことでした。

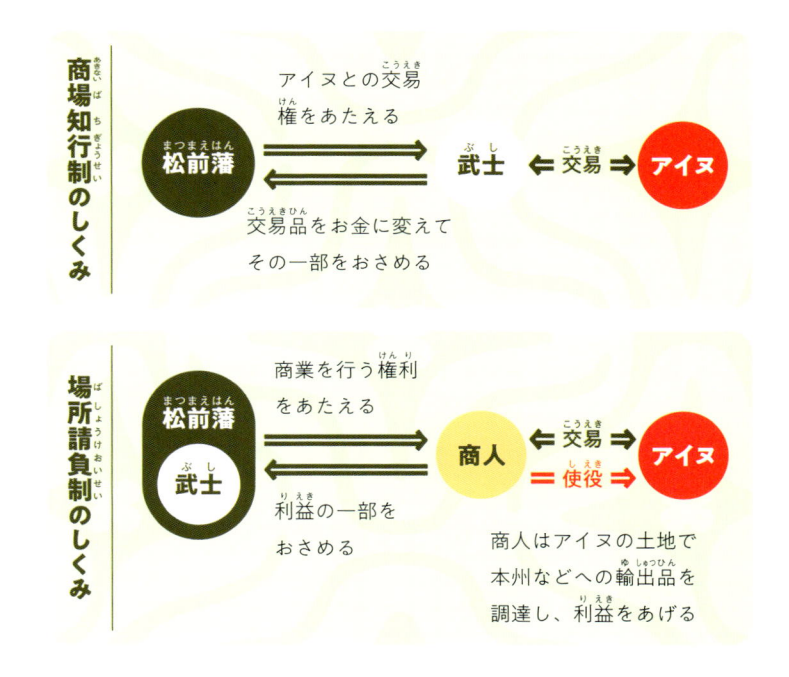

和人の商人の指示で、アイヌの男性が地曳網で漁を行っている。商人は、わずかな賃金で、アイヌを労働に使い、本州への輸出品を生みだした。

『蝦夷及赤蝦夷図絵』小玉貞良・作／函館市中央図書館所蔵

北前船とは

　北前船とは、日本海で交易に使われていた船です。松前藩から交易をまかされた商人たちは、北前船を使って、アイヌから得たニシンやコンブなどの海産物、蝦夷錦などの絹織物を、松前から敦賀、門司、そして大坂へと運んでいました。大坂からは、米や塩などを松前に運びました。

ヤウンモシリの海産物は九州の長崎や薩摩藩へ運ばれ、琉球王国（現在の沖縄県）や中国まで流通した。琉球王国では、コンブを使った郷土料理が生まれるなど、欠かせない食材となった。

51

15〜18世紀 | 英雄シャクシャインの蜂起 アイヌと松前藩の戦い

アイヌとの独占的な交易によって、松前藩はアイヌを支配し、交易の条件を有利にしようとしました。アイヌの怒りは、しだいにたかまっていったのです。

 シャクシャインの戦い [1669年]

17世紀なかば、ヤウンモシり（北海道）では、サケの漁業権をめぐりアイヌのグループ同士の対立が続いていました。特に、シャクシャイン率いるメナスンクル（東方グループ）と、オニビシ率いるスムンクル（西方グループ）の対立は深刻でした。しかしシャクシャインは、対立の原因は、松前藩の横暴により生活が苦しくなってきたことだと考え、アイヌ全体に松前藩との戦いを呼びかけます。するとシャクシャインのたましいのさけびに勇気を得た、2000人以上のアイヌが、松前へと進軍し、和人たちをつぎつぎとうちやぶったのです。

あわてた松前藩は幕府に応援をたのんで戦況を盛り返し、ついに和睦（和解）に持ちこみます。しかし、和睦するはずの席で、シャクシャインは裏切られ、殺されてしまいました。リーダーを失ったアイヌは、結局やぶれてしまったのです。

ヤウンモシり（北海道）

シャクシャインの砦

●がついている所が、アイヌが和人をうちやぶった場所

和人地

参考資料：『アイヌの歴史と文化Ⅰ』

シャクシャイン（? 〜1669年）

シベチャリ（北海道新ひだか町西北部）のアイヌの首長。シャクシャインの戦いは、アイヌと和人との戦いでは最大のもので、幕府にも大きな衝撃をあたえた。毎年9月23日、英雄シャクシャインをしのび、供養するお祭りが、新ひだか町で行われている。

『英傑シャクシャイン像』竹中敏洋・作（真歌公園）

どんどん不利になっていった交換条件

1604年に松前藩がアイヌとの交易を独占してからというもの、その交易の条件は、アイヌにとってどんどん不利なものになっていきました。サケ100本に対して米1俵だった条件は、シャクシャインの戦いの前には、サケ100本に対して米8升にまで減らされていました。これは、元の5分の1の量です。

そのうえ、和人は、アイヌが飲み水やサケをとる大切な川で砂金をほり、水質を悪くしていました。その結果、アイヌ全体に松前藩に対する不満がたまり、シャクシャインの戦いの前には爆発寸前となったのです。

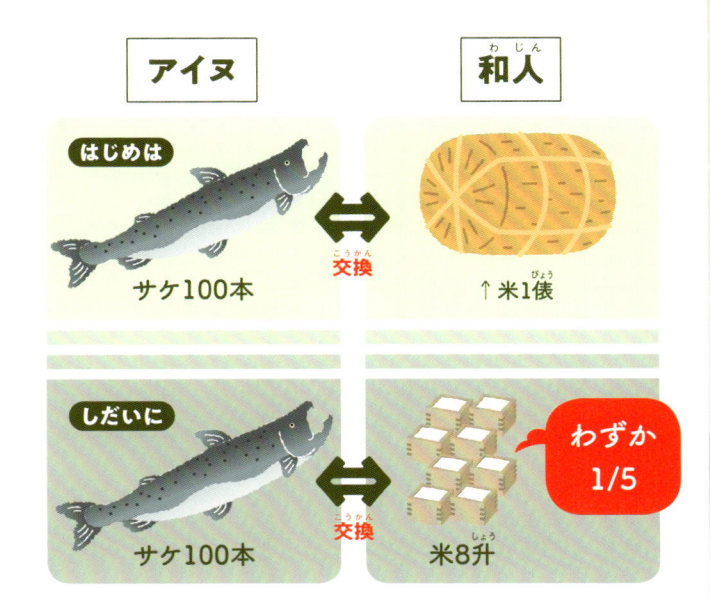

アイヌ		和人
はじめは		
サケ100本	⇔ 交換	↑米1俵
しだいに		わずか1/5
サケ100本	⇔ 交換	米8升

｛ 支配に屈することなく、戦ったアイヌたち ｝

 ## コシャマインの戦い [1457年]

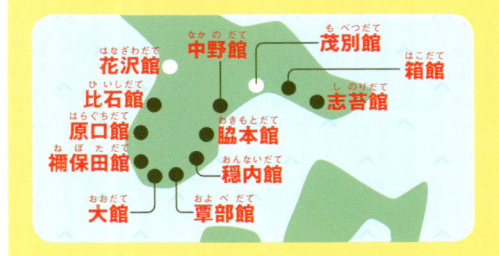

中野館　茂別館
花沢館　箱館
比石館　志苔館
原口館　脇本館
禰保田館　穏内館
大館　覃部館

15世紀、道南十二館の和人たちは、アイヌとさかんに交易をしていました。ところが1456年、和人とアイヌの青年がトラブルになり、アイヌの青年が殺されてしまう事件が起きました。怒った東部の首長コシャマインは、大軍を率いて道南十二館を攻撃。茂別館、花沢館以外の館を攻め落とし、和人を追いつめました。しかし和人は、花沢館主・蠣崎季繁と、武将・武田信広を中心に盛り返し、コシャマインをうち取りました。後に、武田信広の子孫は松前氏となり、アイヌを支配することになるのです。

 ## クナシリ・メナシの戦い [1789年]

18世紀、場所請負制によって、決まった商人がアイヌとの交易を独占し、アイヌを支配するようになっていました。クナシリ島や、メナシ地方（北海道東部）では、飛騨屋という商人が悪行を重ね、アイヌの怒りが頂点に達しました。そして、約130人のアイヌの青年が立ち上がり、和人70名あまりを殺害したのです。松前藩から260人の鎮圧隊が来ると、ツキノエ、イコトイら首長は、アイヌの青年たちを説得。戦いは終わりました。しかし戦いの中心となった37人のアイヌが松前藩に処刑されてしまうのです。

『夷酋列像』蠣崎波響作／
函館市中央図書館所蔵

イコトイ
（？～1820年）

18世紀後半に活やくした、アッケシ（北海道厚岸町）の首長。ロシア製のマントや蝦夷錦を身につけている。

18〜19世紀 ｜ ロシアの接近をおそれた幕府が、ヤウンモシリを直轄領に

江戸時代が終わるころ、次々と外国船が日本におし寄せ、開国を要求していました。ヤウンモシリ（北海道）にもロシアがせまり、そのことが、アイヌの運命を左右していくのです。

回船（運搬船）の船頭だった大黒屋光太夫（絵左から3人目）は、漂流し、ロシア人に保護される。光太夫は女帝エカテリーナ2世に願い出て、1792年に軍人アダム・ラクスマン（絵右端）とともに帰国。上の絵は、ラクスマン一行が、根室港に着いたときのようすをえがいたもの。ラクスマンは、開国を求めたが、幕府は拒否したうえ、日本に接近するロシアに対して、さらに警戒を強めた。

『幸太夫と露人蝦夷ネモロ滞居之図』
早稲田大学図書館所蔵

ラクスマンが乗船したエカテリーナ号。　根室市歴史と自然の資料館所蔵

ロシアのヤウンモシリ進出

1789年クナシリ・メナシの戦いで幕府が衝撃を受けたのは、クナシリ島の首長ツキノエら、千島列島の有力者がロシアと深く通じていたことでした。つまり、ロシアは千島のアイヌとつながりをもち、ヤウンモシリへ進出する機会をうかがっているとわかったのです。そこで幕府は、1799年からヤウンモシリを松前藩にまかせるのではなく、段階的に、幕府が直接支配する直轄領としていくことにしました。

さらに、服装や髪型は和人と同じものを強要するようになり、名前も、和人風に変えることを求めるようになりました。千島列島の択捉島では35%ものアイヌが和人風の名前に変えさせられました。

樺太や千島のアイヌ

樺太南部には、13世紀ごろにはアイヌが暮らしていたとされます。樺太アイヌはウイルタやニヴフと交易を行い、ヤウンモシリに中国やロシアの品をもたらしました。千島列島でも15世紀ごろにはアイヌが暮らし、ラッコをとって本州や明（現在の中国）に輸出していました。しかし18世紀なかば、ロシアが千島列島へ進出すると、ロシア正教（キリスト教）を強制し、ラッコを武力でうばうようになりました。

ポーランドの文化人類学者ブロニスワフ・ピウスツキが、19世紀末〜20世紀初頭に撮影した樺太アイヌの女性たち。当時、ポーランドはロシアに独立をうばわれており、ピウスツキはロシアによって樺太へ流刑されていた。

1855年、箱館港※が開港する

1853年に現在の神奈川県の浦賀に来たアメリカの軍人マシュー・ペリーによって、1854年、幕府とアメリカが日米和親条約を結びました。

そのことによって、箱館港が開港され、外国船の薪や食料などの補給港となりました。実際には、物資の補給だけでなく、さまざまな交易が行われていました。外国人がやってきたことによるトラブルもあり、イギリス人が人類学の研究のために、アイヌの骨を盗み出すという事件も起きました。

1855年に、幕府とロシアの間に日露和親条約が結ばれ、日本とロシアの国境を定めることになりました。その結果、樺太は「雑居地」とされ、和人もロシア人も住む土地ということになりました。千島列島は、得撫島より北の島はロシアのものとなり、千島列島に住むアイヌは、より強くロシア文化の影響を受けていくことになるのです。

※1869年から、「箱館」を「函館」と書くようになりました。

幕府によって建てられた箱館奉行所。 函館市中央図書館所蔵

1862年に、箱館をえがいた絵図。外国船でにぎわっている。

『箱館真景絵図　文久二年』函館市中央図書館所蔵

コラム

アイヌの生活やヤウンモシリの自然を記録した松浦武四郎

松浦武四郎は、紀行家として知られています。17歳で全国をめぐる旅に出て、長崎で僧侶をしていたとき、ロシアがヤウンモシリへ進出しようとしていると耳にします。危機感を感じた松浦武四郎は、ヤウンモシリを訪ね、アイヌの暮らしや自然の記録を残しました。また、アイヌと交流し、明治時代になってからも、場所請負制の廃止をうったえ続けました。「北海道」の命名にあたっても、意見を出していて、「(アイヌ語で)カイという言葉には、この地で生まれたものという意味がある」と書き残しています。

『蝦夷漫画』
札幌市中央図書館所蔵

和人にアイヌの豊かな文化を伝えるために、その暮らしぶりを文章と絵で書き残した。立場の弱い庶民や女性についての記述が豊富。

松浦武四郎（1818〜1888年）

1845年からヤウンモシリ、樺太、国後島、択捉島などを訪ねた。1855年からは幕府にやとわれ、再びヤウンモシリを訪ねた。1869年、明治政府から開拓判官に任じられるも、政府の方針に反発し、すぐに退官した。

松浦武四郎がつくったヤウンモシリの地図。アイヌ語の地名を調べ、書きこんでいる。

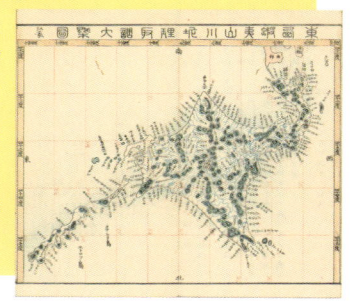

『東西蝦夷山川地理取調圖』（横浜市立大学学術情報センター所蔵）

タネパクノ ［現代まで］

19～20世紀 | ヤウンモシㇼが 日本領に統合され、北海道に

1868年に成立した明治政府は、国を西洋化し、植民地政策をおし進めようと琉球（現在の沖縄）や台湾、朝鮮などの民族を日本の国民に組みこんでいきました。こうして日本は多民族国家となりました。1869年にはヤウンモシㇼを「北海道」という名前に変えて「開拓使」という役所を置き、直接支配することにしました。明治政府はヤウンモシㇼの大地を農地に変え、アイヌを移住させ、和人と同化させる政策を取ったため、ヤウンモシㇼの自然と、アイヌの文化は深刻な危機を迎えました。

北海道大学附属図書館所蔵

1873年10月に完成した開拓使札幌本庁舎。明治政府は農地の拡大にあたり、「お雇い外国人」と呼ばれる技術者や学者を起用していた。洋風の建築であるのは、お雇い外国人の影響のため。

函館市中央図書館所蔵

和人は山林を切り開き、農地を拡大しようとした。慣れない土地での暮らしに苦労する和人に、アイヌが手ほどきをすることもあった。
（撮影地：北海道亀田郡七飯町）

北海道の総人口の変化

1822年　約3万人
アイヌ 約2万4000人

1873年　約12万人
アイヌ 約1万6000人

1903年　約108万人
アイヌ 約1万8000人

本州から北海道に移住する和人は増えつづけ1903年には100万人をこえた。一方、アイヌの人口は1822年から1873年の間に大きく減少した。

開拓使、一気に西洋化を進める

明治政府は「お雇い外国人」と呼ばれた技術者や、学者を起用し、道路建設、川や港の整備、鉄道の建設を行いました。森を切り開いて農地をつくり、外国人の指導のもと、農業を行ったのです。また、農業の未来をになう人を育てようと、札幌農学校も設立しました。炭鉱や工場もつくられました。北海道に、西洋化の波がおしよせたのです。その過程で、多くのアイヌが住み慣れた土地からの移住を強制されました。

黒田清隆（1840～1900年）
第2代内閣総理大臣。1870年北海道開拓次官。1874年同長官となり、北海道の開発をすすめた。1873年には、樺太放棄論を提唱し、樺太・千島交換条約締結へと政府を導いた。

アイヌの文化を破壊する、和人への「同化政策」

　明治政府は「同化政策」といって、アイヌの文化を破壊し、和人と同じような暮らしを強いる政策を行いました。明治政府は土地や伝統的な暮らし、漁をする権利などをアイヌからうばい、和人と同じように山林を切り開き、農業を行うことを強いたのです。

土地はすべて明治政府のものに

アイヌが住んでいた土地は、明治政府が管理する公有地になった。そして「北海道土地売貸規則」というきまりがつくられ、その土地は和人へと分けあたえられた。アイヌは住み慣れた土地や資源を失うことになった。

名前と地名の変更の強要

開拓使は、アイヌの氏名を和人風に変えさせた。その目的は、アイヌに和人としての意識をもたせることだった。同じことが、のちに朝鮮半島や台湾でも行われた。地名もアイヌ語から日本語風に変更されていった。

サケ漁やシカ猟の禁止

1876年にしかけ弓や毒矢の使用が禁止され、1878年にはサケ漁も禁止された。このため、サケやシカ、クマをとることができなくなり、貴重な食糧をうばわれた。また、儀式を行うこともできなくなっていった。

いれずみなど伝統的風習の禁止

明治政府は、伝統的な女性のいれずみと、男性の耳かざりを禁止した。また、人が亡くなったとき、死後の世界で住む家に困らないよう、生前に住んでいた家を燃やして送る「カソマンテ」という風習も禁止された。

コラム

強制移住で故郷を離れた樺太と千島のアイヌ

1875年、日本とロシアとの間で調印された樺太・千島交換条約は、樺太全島をロシア領とし、千島列島全島を日本領とするものでした。その結果、800人以上の樺太アイヌが、はじめは北海道宗谷へ、さらに翌年には対雁（今の北海道江別市）へと強制的に移住させられました。1884年には千島列島の最北端・占守島の千島アイヌ97人も、最南端の色丹島に移住させられました。移住先では慣れない農業を強いられて食糧に困り、体調をくずす人が大勢いました。そんな中、1886～1887年に伝染病のコレラと天然痘が流行し、北海道で多くの人が亡くなりました。その中で、命を落とした樺太アイヌは358人にもなりました。

色丹島に強制移住させられた占守島のアイヌ。1888年に撮影。　写真：『明治大正期の北海道（写真編）』から転載

タネパクノ ［現代まで］

19～20世紀 誇りを守るために活動した人びと

明治時代、アイヌは政策によって住み慣れた土地や仕事をうばわれ、生活は厳しくなる一方でした。さらに、アイヌは戸籍上、「旧土人」として和人と区別されることになりました。このことは、和人からアイヌへの差別をさらに生む原因となりました。なかには差別に苦しみ、アイヌ語や伝統的な習慣を捨てる人もいましたが、アイヌとしての誇りを守ろうと、立ち上がった人たちもいたのです。

1899年、不平等で差別をはらんだ「北海道旧土人保護法」が制定

　長年住み慣れた土地を一方的にうばわれ、しかも狩りや漁では生活ができなくなったことで、アイヌは経済的に苦しい状況が続いていました。そこで1899年に制定されたのが「北海道旧土人保護法」です。これは、アイヌが農業を行うことを前提に、土地を貸しあたえてお金を支給し、小学校を設置するという法律でした。しかし和人にはひとりあたり10万坪、自分で土地を切り開けば150万坪の土地があたえられたのに対して、アイヌに用意された土地は一戸あたりわずか1万5000坪でした。しかも街の中心から遠く離れ、農業に適さない土地が多く、農業経営に失敗して土地を取り上げられるアイヌが後をたちませんでした。

　この法律は、第二次世界大戦後も、差別的な名称とともに残っていました。

和人に無条件にあたえられた土地と、アイヌに用意された土地の広さを比べてみると……。

ひとりあたり10万坪

和人にあたえられた土地

一戸あたり1万5000坪

アイヌに用意された土地

アイヌ学校

　明治時代に学校制度が始まり、小学校が設けられましたが、それは和人の子どものためのものでした。1877年、開拓使は樺太から対雁（今の北海道江別市）に強制移住させたアイヌの子どもに、日本語での読み書きを教えようと対雁学校を設けました。しかし、子どもたちは漁の手伝いなどをしなくてはならず、しだいに生徒は少なくなりました。1886年にはイギリス人宣教師のジョン・バチェラーが私塾「愛隣学校」をつくりました。その後、政府が公立のアイヌ学校をつくりましたが、授業内容は和人の学校より簡略化された、不平等なものでした。

私塾、愛隣学校の教師と生徒。教師は外国人が多かった。
登別市教育委員会所蔵

アイヌの誇りを守り、次世代に伝えようとした人たち

　苦しい生活の中で、アイヌの文化を守るために立ち上がった人たちがいました。ここでは、アイヌの誇りを守り、未来へとつないだ人びとを紹介します。

樺太アイヌにとって最初の学校を設立

山辺安之助（1867～1923）

南極探検隊に樺太犬の犬ぞり担当として参加。樺太アイヌの指導者として、集落の近代化や、子どもへの教育の充実化につとめた。著書『あいぬ物語』でも教育の重要性について記している。

強制移住先の厳しい環境にたえて、仲間を守った

アレクサンドラ・ストローゾワ（1867～1939）

アイヌ語の名前はシケンルツマツ。アレクサンドラはロシア語名。波越あさというう日本語名ももつ。8歳で千島列島の占守島から色丹島に強制移住。厳しい環境の中、長生きして仲間を守り、千島のアイヌ語の記録にも協力した。

最期まで宗谷の暮らしを語りついだ

柏木ベン（1879～1963）

宗谷地方の語り部。流ちょうな日本語と豊かな表現力で、さまざまな伝承を残した。63歳ごろに目が見えなくなるも、数少ない宗谷のアイヌ語の話し手として、晩年まで語り続けた。

アイヌへの切実な思いを短歌につづる

北海道大学附属図書館所蔵

バチェラー八重子（1884～1962）

歌人。23歳でジョン・バチェラーの養女となり、ともにアイヌに関する講演などを行う。アイヌ三大歌人と呼ばれ、歌集『若きウタリ（同族）に』には、約300首を収録した。

観光客に正しい知識を広める

貝澤藤蔵（1888～1966）

社会活動家。北海道の白老で観光客を案内する仕事をしていたときの経験をもとに、小冊子『アイヌの叫び』を発行。アイヌに対する差別・偏見を指摘し、教育の重要性を訴えた。

日本最古のアイヌの記念館を継承

川村カ子トアイヌ記念館所蔵

川村カ子ト（1893～1977）

北海道旭川に生まれる。測量技手として各地で活やくしたあと、父が設立した記念館を継いだ。これが現在の川村カ子トアイヌ記念館。この記念館は、アイヌの伝統を伝える施設として最古のもの。

アイヌの誇りをうたい、勇気をあたえた

違星北斗（1901～1929）

歌人・社会運動家。アイヌという理由で幼いころから差別にあう。アイヌの文化や言葉を正しく世の中に広めるため活動するが、結核という病気になり、27歳でこの世を去った。

苦しい時代を生きぬき、アイヌ復権に生涯をささげる

掛川源一郎写真委員会所蔵

森竹竹市（1902～1976）

バチェラー八重子、違星北斗とならぶアイヌ三大歌人のひとり。北海道アイヌ協会の常任理事をつとめた。アイヌにとって苦しい時代だった昭和時代の初期、民族の誇りを歌にこめた。

アイヌ語を論理的に研究したアイヌの学者

登別市教育委員会所蔵

知里真志保（1909～1961）

言語学者。北海道登別で生まれる。姉は『アイヌ神謡集』の著者、知里幸恵。アイヌ語を方言のちがいや、その言葉が使われた背景、使い方まで細かく研究。著書に『分類アイヌ語辞典』など。

20世紀～ ほかの文化と影響し合い、広がり続けるアイヌの文化

アイヌが言葉や住む場所、生活の基盤を失ったのは、日本政府がアイヌならではの暮らしを認めず、「和人の考え方」を強要する政策を行ってきたためでした。これからの日本は、どのように変化することが求められているのでしょうか？

札幌大学では、アイヌの若者に高等教育を受ける機会や、アイヌの文化や歴史を学ぶ機会を提供する「ウレシパ・プロジェクト」を行っている。写真は、ウレシパ・プロジェクトを推進するウレシパ・クラブがノルウェーで研修を行い、海外の学生と交流したときのようす（札幌大学）。

写真提供：札幌大学ウレシパクラブ

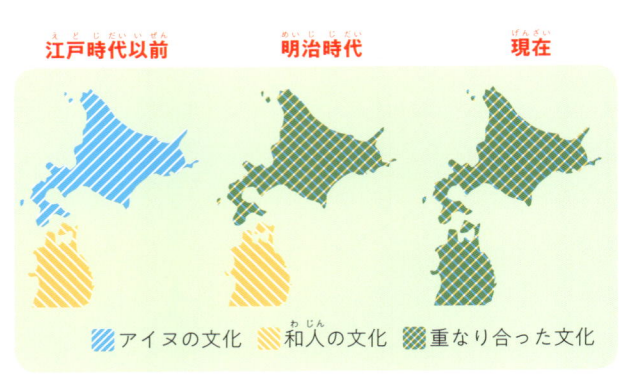

江戸時代以前 　明治時代 　現在

▨アイヌの文化 　▨和人の文化 　▨重なり合った文化

現在、アイヌの文化は北海道だけのものではなくなっている。和人の文化や世界の文化とおたがいに影響し合いながら、現代的に変化しつつ広がっている。

未来へ受け継がれるアイヌの文化

　明治政府による北海道入植により、アイヌの文化は大きな打撃を受けました。しかし、差別などの困難と戦い、誇りを守った人たちのおかげで、アイヌの文化は現在も受け継がれています。ただ受け継がれただけではなく、本州や沖縄、さらには海外など、多様な文化の影響を受けながら、さまざまな場所に息づいているのです。今後も、アイヌの文化は、多くの文化と出会い、形を変えながら未来へと受け継がれていくことでしょう。

北海道旧土人保護法が廃止！
アイヌ文化振興法が制定

1997年、長くアイヌを苦しめてきた「北海道旧土人保護法」は、アイヌ初の国会議員、萱野茂の働きもあり、ついに撤廃されました。そして新たに「アイヌ文化振興法」が誕生しました。日本の少数民族・アイヌを固有の民族として初めて法律的に位置づけたものです。「アイヌの人びとの民族としての誇りが尊重される社会」を実現するために、国と地方自治体は、アイヌ文化の継承者の育成、調査・研究などを行うと定めました。しかし、まだアイヌが先住民族だとみとめられたわけではありませんでした。

国会で、アイヌ語で質問！

萱野茂（1926～2006）

アイヌ文化研究家。アイヌ文化の伝承と、保存を行い、二風谷アイヌ資料館を設立した。1994年、アイヌ民族初の国会議員（参議院）として、アイヌ文化振興法実現に大きな働きをした。

写真提供：朝日新聞社

日本政府が、ようやくアイヌ民族は
先住民族であるという立場を示す

2007年、国連は「先住民族の権利に関する国際連合宣言」を採択しました。これは、各国が世界3億7000万人にものぼる先住民の権利を守り、差別をなくし、暮らしを改善することを宣言したものです。日本もこの宣言に賛同しました。

その後、2008年、ついに日本の国会でアイヌが日本列島北部周辺、とくに北海道に先住していた人びとであり、独自の言語、宗教や文化を持っている「先住民族」であることが認められたのです。

衆議院・参議院のどちらも「アイヌ民族を先住民族とすることを求める決議」を全会一致で採択。このことを、喜ぶアイヌの人たち。

写真提供：朝日新聞社

経済的な格差や、文化のちがいによる差別は、今もなお課題

現在もアイヌは、「先住民族の権利」を、すべて手にしたわけではありません。例えば、アイヌが北海道に本来もっていた土地や、資源に対する補償を受ける権利は認められていません。経済的な問題や、差別もいまだに存在しています。

「先住民族の権利に関する国際連合宣言」にはこう記してあります。「すべての民族が異なることへの権利、自らを異なると考える権利、および異なる者として尊重される権利を有する」。アイヌと和人、そして日本に暮らすすべての民族が、たがいを尊重しあい、ともに問題解決に向かうことを、日本はすでに国際社会に対して誓っているのです。

差別意識	差別を受けたことがある	**23.4%**
	自分はないが他人が受けたのを知っている	**23.4%**
生活意識	とても苦しい	**27.3%**
	多少困る程度	**50.3%**
大学進学率	アイヌ	**25.8%**
	同じ地域の平均	**43.0%**

平成25年「北海道アイヌ生活実態調査」の実施結果について
（北海道庁アイヌ政策推進局）

さくいん

監修 ─────────── **北原モコットゥナシ**（きたはら もこっとぅなシ）

1976年東京都杉並区生まれ。北海道大学アイヌ・先住民研究センター准教授。アイヌ民族組織「関東ウタリ会」の結成に両親が関わったことで、文化復興や復権運動をはだで感じながら育つ。13歳のころ、北海道に暮らす祖母、小田トーニンテマハの影響でアイヌ語樺太方言や樺太アイヌの文化に関心をもつ。和名は北原次郎太。

蓑島栄紀（みのしま ひでき）

1972年神奈川県生まれ。北海道大学アイヌ・先住民研究センター准教授。博士（歴史学）。アイヌの歴史、とくに古代の日本やアジアとの交流の歴史について研究している。主な著書に『「もの」と交易の古代北方史』（勉誠出版、2015年）、『古代国家と北方社会』（吉川弘文館、2001年）など。

イラスト ─────── **まつしたゆうり**（本文：p10-11、p14-15、p18-19、p20、p22-23、p26-27、p30-31、p32-33、p34、p36-37、p40-41）
磯村仁穂（表紙：右中、本文：p2、p15下、p16、p24、p26-27下、p35、p40下、p46）
小笠原小夜（表紙：左上、左中、裏表紙、本文：p6-7、p13、p28、p30下、p45、p47、p57）

装丁・本文デザイン ─ **倉科明敏**（T.デザイン室）

編集・制作 ─────── **常松心平、中根会美**（オフィス303）

写真提供・協力 ───── アイヌ民族文化財団／朝日新聞フォトアーカイブ／厚真町教育委員会／amana images／掛川源一郎写真委員会／萱野茂二風谷アイヌ資料館／川村カ子トアイヌ記念館／釧路市立博物館／国立民族学博物館／札幌市アイヌ文化交流センター／札幌市中央図書館／札幌大学／市立函館博物館／須藤功／知里幸恵銀のしずく記念館／十日市博物館／中川裕／西平多美／根室市歴史と自然の資料館／登別市教育委員会／農山漁村文化協会／函館市中央図書館／pixta／平取町立二風谷アイヌ文化博物館／photolibrary／北海道大学植物園／北海道大学附属図書館／北海道博物館／北海道埋蔵文化財センター／北海道立北方民族博物館／松前町郷土資料館／横浜市立大学学術情報センター／蓬田村教育委員会／早稲田大学図書館（敬称略）

参考文献 ─────── 聞き書き アイヌの食事（農山漁村文化協会）／アイヌの歴史と文化Ⅰ・Ⅱ（創童舎）／アイヌの歴史と文化（アイヌ民族博物館）／アイヌと植物（アイヌ民族博物館）／アイヌ文化の基礎知識（草風館）／太陽の地図帳 アイヌの世界を旅する（平凡社）／アイヌネノアンアイヌ（福音館書店）／アイヌ生活文化再現マニュアル（アイヌ民族文化財団）／アイヌ文様（北海道出版企画センター）

シリーズロゴマーク作成 ─ **石倉ヒロユキ**

アイヌ もっと知りたい！ くらしや歴史

NDC 389

2018年8月31日　第1刷発行
2019年2月28日　第2刷発行
監修　　　　　　北原モコットゥナシ、蓑島栄紀
企画・編集　　　岩崎書店 編集部
発行者　　　　　岩崎弘明　編集担当 鹿島篤、板谷ひさ子
発行所　　　　　株式会社　岩崎書店
　　　　　　　　〒112-0005
　　　　　　　　東京都文京区水道1-9-2
　　　　　　　　電話　03-3813-5526（編集）
　　　　　　　　　　　03-3812-9131（営業）
　　　　　　　　振替　00170-5-96822
印刷所・製本　　大日本印刷株式会社

64p　29cm × 22cm
ISBN978-4-265-08631-3
©2018　Iwasakishoten
Published by IWASAKI Publishing Co.,Ltd. Printed in Japan.

岩崎書店ホームページ
http://www.iwasakishoten.co.jp

ご意見ご感想をお寄せ下さい。
E-mail info @ iwasakishoten.co.jp

｛ アイヌのあゆみ年表 ｝

約20万年前 ─○─ アフリカで、人類の祖先であるホモ・サピエンスが生まれる。

約5～6万年前 ─○─ ホモ・サピエンスが、アフリカを出て世界へ移動を始める。

約3万年前 ─○─ 日本列島に、人が住み始める。このころ、ユーラシア大陸からヤウンモシリ（北海道）へも大勢の人が移り住み、移住型の生活を始める。

約1万年前 ─○─ 定住型の生活が始まり、土器を使って食べ物を保存したり、加熱して調理をしたりするようになる。

約2000年前 ─○─ おもに本州との交易によって、鉄器が流通しはじめる。

5世紀 ─○─ 樺太からヤウンモシリへ、渡来人（オホーツク文化人）がやって来て、樺太や中国大陸との交易がさかんになる。

10世紀 ─○─ ヤウンモシリの一部で、渡来人（オホーツク文化人）の文化とヤウンモシリの文化が混ざり合う。

13世紀 ─○─ 樺太で勢力を拡大しようとするアイヌと、ニヴフの間で争いが起こる。

─○─ **1264年**、元（モンゴル帝国）がアイヌを攻撃する。

─○─ 安藤（安東）氏が現在の青森県に十三湊という港を整備。アイヌと和人の間の交易がますます活発になる。

─○─ 土器がつくられなくなり、鉄製のなべや漆器、陶器などが使われるようになる。竪穴式の家から平地式の家（チセ）に変わる。

14世紀 ─○─ **1308年**、アイヌと元の戦いが終わる。

─○─ 和人がヤウンモシリの南部に進出し、「道南十二館」をつくる。

15世紀 ─○─ **1457年**、東部アイヌの首長・コシャマインが、道南十二館を攻撃するが、敗れる（**コシャマインの戦い**）。

17世紀 ─○─ **1604年**、徳川家康が蠣崎氏に黒印状を送り、アイヌと独占的に交易をする権利をあたえ、松前藩が成立する。

─○─ 松前藩が、**商場知行制**を導入。

─○─ **1669年**、東部アイヌの首長・シャクシャインが松前藩を攻撃するが、幕府の応援を得た松前藩に敗れる（**シャクシャインの戦い**）。

18世紀 ─○─ 松前藩は、本州の商人に、ヤウンモシリ内で商業を行う権利をあたえるようになる（**場所請負制**）。商人たちはアイヌを働かせて中国や本州への輸出品を得るようになる。